“北京师范大学家庭教育完全指导”

丛书编委会

《懂你才能真爱你（0 ～ 3岁）》

分册编委会

"北京师范大学家庭教育完全指导"

丛书目录

懂你才能真爱你（0～3岁）

懂你才能真爱你（3～6岁）

懂你才能真爱你（6～9岁）

懂你才能真爱你（9～12岁）

懂你才能真爱你（12～15岁）

懂你才能真爱你（15～18岁）

北京师范大学
家庭教育
完全指导

懂你才能真爱你

（0~3岁）

朱旭东——主编
藺秀云 等——副主编

中国妇女出版社

图书在版编目（CIP）数据

懂你才能真爱你．0～3岁 / 朱旭东主编 ；蔺秀云，申利侠，侯淑晶副主编．-- 北京 ：中国妇女出版社，2025．2．--（北京师范大学家庭教育完全指导）．
ISBN 978-7-5127-2406-8

Ⅰ．G78

中国国家版本馆CIP数据核字第2024UK8902号

项目统筹：廖晶晶　门　莹
责任编辑：门　莹
封面设计：王媚设计工作室
责任印制：李志国

出版发行：中国妇女出版社
地　　址：北京市东城区史家胡同甲24号　　邮政编码：100010
电　　话：（010）65133160（发行部）　　65133161（邮购）
网　　址：www.womenbooks.cn
邮　　箱：zgfncbs@womenbooks.cn
法律顾问：北京市道可特律师事务所
经　　销：各地新华书店
印　　刷：小森印刷（北京）有限公司

开　　本：165mm×235mm　1/16
印　　张：19
字　　数：260千字
版　　次：2025年2月第1版　　2025年2月第1次印刷
定　　价：65.00元

如有印装错误，请与发行部联系

丛书序 1

PREFACE 1

养育孩子，对于父母来说是一段充满挑战与乐趣的旅程。从小不点儿呱呱坠地的那刻起，我们便肩负起一个全新的角色——父母。这个角色充满着责任与期待，既会捎来无尽的惊喜与感动，也会带来很多问题与困惑。

譬如，作为孩子的第一任老师，我们该如何照护和教育这鲜活动人、充满无限可能的生命个体呢？如何喂养和回应新生儿？如何建立积极的亲子关系？如何培养孩子自立和承担责任？如何追随孩子一起成长与转变？如何帮助孩子应对青春期的挑战……要想回答这些问题，我们首先应该思考：今天我们该如何看儿童？

身为一名父亲和教育研究工作者，儿童是我最近几年来心心念念的研究对象。在这个时代，我们该如何看儿童？从教育的角度来说，“看儿童”中的“看”字既是理解、认识、了解，又是依据、遵循、原则，还是目的、目标和任务，一切的落脚点都指向儿童的全面发展——理解和认识儿童的全面发展，遵循儿童的全面发展，为了儿童的全面发展。

本套丛书首先能够帮助家长更好地理解和认识儿童的全面发展——它是儿童的脑智、身体在生物学意义上的发育和成熟，是认知、情感、社会、个性（人格）以及社会情感等发展，也是安全和健康的一种能力表现，还包含艺术和审美的发展，甚至是道德和公民性的发展。儿童全面发展具有个人性、群体性、民族国家性等特征——从个人性上关乎脑智发育、身体成熟、认知、自然情感、个体安全和健康，从群体性上涉及道德、社会认知、社会情感、公共安全和公共健康，从民族国家性上涉及立德树人、民族国家认同、中华民族共同体意识、总体国家安全观等。

本套丛书基于儿童的脑和身体、认知和情感、道德和公民性、个性和社会性、健康与安全、艺术和审美等全面发展的教育学视角的儿童观建构，提炼了0～18岁儿童成长过程中可能出现的300多个典型问题，总结了300多个关键知识点，帮助家长促进儿童价值的实现、潜能的发挥、权利的获得、自由的保障，以及生活质量和幸福感的提升。

每个分册都从“认识孩子的发展特点”“家长成长与角色定位”“亲子沟通与有效互动”“促进孩子学习与交往”四个模块入手，覆盖了孩子的生理发展、认知发展、个性发展、社会性发展、学习能力提升、情绪情感培养、人际交往、行为习惯养成、社会责任教育、学业生涯规划等各个方面，科学、专业、系统地呈现0～18岁儿童的成长特征、发展规律与育儿实践要点。

其次，本套丛书在编排上也遵循了儿童全面发展的规律，并以之为原则。丛书共分为6册，分别与托育、幼儿园、小学1～3年级、小学4～6年级、初中、高中6个学段相吻合。每册包括3个年龄段，每个年龄段跨度为1岁，包含20个左右典型问题，把各个年龄段的典型性、阶段性和连续性统一起来，将生涩枯燥的育儿理论掰开、揉碎又巧妙组合，既展现每一年龄段孩子典型的生理、心理和发展特点，又兼顾孩子不同年龄段成长的连续性和发展性，更敦促家长面对“变化的孩子”，思考如何进行自我调适和角色转变。

比如，随着孩子自我意识的发展，2～3岁的孩子开始探索“我”和“世界”的关系，父母对孩子说“不”的现象要给予理解和包容。但在这个阶段，家长是孩子全权的保护者，不能放手。而青春期的孩子会再次探索“我”与“世界”的关系，他们说“不”，是要完成自我同一性和自我意志的建构。此时，家长要予以孩子接纳和尊重，更要学会放手，给予他们独立自主的空间，做他们的监护人，而不再是保护者。

最后，本套丛书以帮助家长更好地促进儿童全面发展为目标、目的和任务。为促进儿童脑智发育和身体成熟，家长要在生活中对孩子进行营养和科学睡眠教育，为其提供运动、阅读、游戏、多关系的互动等教育路径；为促进儿童的大脑神经发育，家长需要带孩子一起进行视、听、味、嗅、触多感官通道的感知觉教育、注意力和记忆力教育；为促进儿童的认知发展，尤其是高级认知发展，家长可以配合教师进行家庭中的学科要素训练。当然，家长还要注重促进儿童的情感发展、道德和公民性发展、个性和社会性发展、健康和安全发展、艺术和审美发展。

儿童全面发展具有民族国家性，因此我们的家庭教育需要以立德树人为教育的根本任务，坚持为党育人、为国育才，引导孩子践行社会主义核心价值观，铸牢中华民族共同体意识，学习习近平新时代中国特色社会主义思想，培养全面发展的社会主义建设者和接班人，培养担当民族复兴大任的时代新人。

总之，我们编写本套丛书，是想向家长们表达一个愿望：去完整地“看儿童”。在养育子女的过程中，父母们经历了且正在经历着太多的误区和挑战。内心的需求呼唤和来自社会、家庭的压力，导致我们可能会迷失方向、感到焦虑。有时，我们会忽视孩子的成长特点和发展规律，忘记养育孩子的初心。在本套丛书的编写过程中，我们发现，许多高知父母在了解了儿童的发展规律和特点后，不无遗憾地表露出，如果早点知道这样的知识和方法就好了。在此，强烈呼吁编写者和读者朋友们扩大本套丛书的传播，让其惠及更多家庭。这也是我们努力工作，尽早把这套丛书献给读者的最大动力。

在编写本套丛书的过程中，我们参考了大量的育儿研究成果和实践经验，力求为读者提供最准确、最实用的育儿指南。但每个孩子都有自己的成长轨迹，没有一种方法适用于所有的孩子。在使用本套丛书的过程中，请家长们融会贯通地去理解关键知识、建议和方法，并结合孩子的实际情况进行调整和创新，找到最适合自己家庭的育儿方式。

亲爱的父母们，每个孩子都是独一无二的，他们有着自己的成长节奏和方式，我们需要跟着孩子一起改变和成长，学会尊重和理解他们的个性，基于儿童全面发展的理念，给予他们足够的支持，让孩子在自己的道路上茁壮成长。

最后，愿这套丛书能成为您育儿路上的良师益友，陪伴您和孩子一起度过 0 ～ 18 岁这段美好的时光。

朱旭东

北京师范大学教育学部部长、教授

丛书序 2

PREFACE 2

孩子的心灵世界丰富而复杂，在育儿的道路上，每一位家长都是探索者、学习者。隐藏在孩子语言和行为背后的心理学知识，往往影响着他一生的发展与幸福。当北京师范大学儿童发展与家庭教育研究院邀请我编撰这套覆盖 0 ~ 18 岁儿童的育儿书籍时，尽管工作非常繁忙，我还是接受了这个艰巨的任务。

市面上讲家庭教育方法和技巧的书很多，但从心理学、教育学、社会学等多角度系统讲解 0 ~ 18 岁孩子发展的关键点，且提供相应育儿指南的书属实不多。在我日常咨询的大量案例中，父母不了解孩子的心理发展特点、情感需求以及可能面临的心理问题，造成孩子厌学、抑郁、产生不良行为的情况比比皆是。等孩子接近或到了青春期，父母再去调整或纠正孩子的这些问题或不良行为代价巨大，有些家庭甚至陷入贫困、绝望的境地。因此，我迫切感到系统梳理 0 ~ 18 岁儿童成长与发展特点，将儿童身心发展特征中的“困惑点”科普给更多的年轻父母，解答爸爸妈妈们的“十万个为什么”，不仅是响应党和国家的号召，贯彻落实《中华人民共和国家庭教育促进法》的有力举措，更是帮助父母铺好育儿道路上的基石，提高他们育儿效果、减少育儿问题的根本途径。

在北京师范大学教育学部朱旭东部长的出谋划策和鼎力支持下，经过编写团队 2 年多的辛勤努力，这套覆盖 0 ～ 18 岁孩子的育儿丛书，终于如期付梓。书中的每个问题都通过典型情景和对照判断，简洁生动地再现和归纳了容易被家长误认为是问题的儿童发展特征，还通过关键知识和建议方法，帮助家长更好地理解孩子、关爱孩子和引导孩子。在我看来，这套丛书最大的价值，不仅在于它的系统性和完整性，更在于它强调了育儿的情感性与互动性。育儿不仅仅是满足孩子的物质需求，更重要的是建立与孩子之间的情感联结，理解他们的内心世界，给予他们足够的关爱与支持。同时，育儿也是一个双向互动的过程，父母在陪伴孩子成长的过程中，也需要不断地自我成长与提升。

《尔雅》里提到“二月为如”，春天万物复苏、如如然也的风景让我们流连忘返。其实，0 ～ 18 岁何尝不是一个人的春天，孩子在语言、行为、情感、思维等方面的日新月异甚至短暂挫折，也是最美不过的“如如然也”，值得我们共情、陪伴、呵护、欣赏。愿这套丛书能成为您“读懂”孩子的钥匙，陪伴您和孩子一起度过生命里最美的季节。

最后，我要感谢编写组全体的辛勤付出和无私奉献。这套丛书不仅提供了一套实用的育儿指南，更传递了一种科学、人文、温暖的育儿理念。希望每一位家长都能够从中受益，与孩子一同成长、一同进步。

蔺秀云

北京师范大学心理学部教授、博士生导师

目录
CONTENTS

第一章 0 ～ 1 岁孩子

第三章　2 ～ 3 岁孩子

第一章

0~1岁孩子

经过辛苦的孕育期，小宝宝终于和您见面了，这种感觉是不是很奇妙？从这时起，您和另一半就要承担做父母的光荣职责了。在这一年中，小宝宝的身心发展极快，从出生时的几近“无能”到学会走路、说话等，成为几乎“无所不能”的“小破坏王”。这个过程中，父母既要关注宝宝的身体成长，更要理解宝宝的发展规律，满足他的各种心理需求。

认识孩子的发展特点

0～1岁宝宝生长发育特别快，身高、体重变化显著，抬头、坐立、爬行、走路等大动作发展明显，啼哭、睡眠里面藏着发展小秘密，还有意想不到的心理需求，让我们一起来看看吧！

为什么说 1 岁前宝宝心理发展很重要？

典型情景

安安，3 个月，喜欢看妈妈的脸，会追着玩具的叮当声转头，看到妈妈准备喂奶时异常兴奋，还发出咿咿呀呀的声音。妈妈让帮着一起照顾孩子的姥姥多拿玩具逗安安，多跟安安说话。姥姥却说："孩子这么小，啥都不懂，吃饱穿暖就行了！"妈妈非常困惑：育儿老师说要多跟婴儿交流，以便更好地促进宝宝的心理发展，怎么让姥姥认识到这一点呢？

对照判断

看一看，您家的宝宝有过以下方面的表现吗？

表现	判断
❶ 听到熟悉的人说话，会停下正在做的动作，安静下来注意听。	☐
❷ 一个漂亮玩具出现时，会一直盯着看，如果将这个玩具拿走，就东张西望地寻找。	☐
❸ 听到不熟悉的声音，会转头寻找。	☐
❹ 妈妈在身边时，表现得愉快、舒适、有安全感，妈妈离开时表现出紧张、哭闹。	☐
❺ 跟他交流时，会用微笑或咿呀的语言回应。	☐

以上都是小宝宝的心理反应。面对这些反应，您是怎么做的呢？

表现	判断
❶ 喂奶时眼睛看着宝宝，让他感受到满满的爱意。	□
❷ 买颜色鲜艳或有响声的玩具，逗宝宝开心。	□
❸ 听到啼哭，马上抱起来进行安慰，想办法弄清啼哭的原因。	□
❹ 换尿布、穿衣服时，告诉宝宝这会儿正在干什么。	□
❺ 在宝宝安静时，读一些简短的儿歌或故事。	□
❻ 每天给宝宝安排户外活动时间。	□

如果您勾选了上述大部分选项，说明您考虑到了宝宝心理发展的需要，请继续坚持下去。

关键知识

心理学家阿德勒说过：幸福的童年治愈一生，不幸的童年需要一生去治愈。0～1岁是童年的起步期，更是心理发展的关键期。其中，0～6个月的宝宝处在全能自恋期，认为自己无所不能；6个月后开始意识到自己和妈妈是分离的，宝宝经历着剧烈的心理变化以及多个发展敏感期，他的所有生活都需要他人照料，身心发展需要充满爱和丰富刺激物的环境。

当他的生理、交流、探索等需求通过环境得到充分满足时，就能产生安全依恋，他的思维会更积极，哪怕今后经历挫折，也能很快走出来。反之，即使有正常的遗传基因，如果缺失爱和有效的外界互动，宝宝也会出现心理“营养不良”，产生意想不到的心理枷锁和负担，有些人终其一生都走不出来。原生家庭影响一生，父母要重视对0～1岁宝宝的心理关爱。

建议方法

家长在关注宝宝身体成长的同时，一定要重视其心理发展。

创设关系和谐、幸福美满的家庭氛围

不会说话的小宝宝，他的感官，包括眼睛、耳朵、手，就像摄像机一样，家庭给他留下什么样的画面，就会产生什么样的影响，他今后如何理解自己、理解社会，都是先从父母身上学习的，而且一旦形成，很难改变。所以，在家庭中，父母要创设相亲相爱的环境，轻声讲话，有商有量，有情绪尽量不当着宝宝的面宣泄，让他感受到父母的亲密关系；家庭内交流的语言系统要充满正能量，减少抱怨和负面消息，表现出相互的民主、尊重及良好互动关系，营造幸福和谐的家庭氛围；家里要整洁干净，井然有序，各种物品归类放好，适当种植和摆放绿植，让宝宝一出生就浸润在美好的环境中。

给宝宝足够的爱和关怀，帮助宝宝建立安全感

研究发现，人各个阶段心理问题的产生往往都和人生早期的不安全感相关。宝宝的安全感一般来源于与家长之间的依恋关系，家长要通过满足宝宝的生理需求，与宝宝建立良好的依恋关系。

❶ 善于辨别宝宝发出的“信号”，及时满足宝宝的需要。对宝宝来说，吃饱、睡好、舒适是第一需求，这些生理需求的满足会刺激大脑脑干和杏仁核发展，表现出视觉、听觉、触觉等感知觉健康发展。所以，家长要分辨宝宝用不同哭声表达的要求，及时满足吃、睡、大小便、肢体活动等需求，让宝宝保持良好情绪状态。

❷ 照顾对象应相对固定。这个对象最好是妈妈，让宝宝逐渐认知和熟悉这个对象，形成比较牢固的信任关系。

❸ 积极互动，主动回应。互动和回应是刺激宝宝大脑发展的最好手段，

包括喂奶时微笑说话、轻轻爱抚、拥抱等，要给宝宝足够的身体接触，时时留意宝宝的情绪变化，让宝宝感受到持续的关心和温暖。

提供丰富多样的环境和玩具，刺激宝宝感知觉发展

宝宝大脑各功能区的发展需要丰富多样的刺激。

❶ 关注宝宝床和房间的布置。房间要色彩明快、温馨、舒适，可张贴简洁的图片并经常更换，刺激宝宝的视觉发展。

❷ 播放音乐，并经常和宝宝说话。经常播放一些简洁、轻快的音乐，给宝宝哼歌、说话等，用声音、音调、节奏的变化刺激宝宝的听力和语言发展。

❸ 提供适龄玩具。根据宝宝的月龄发展提供不同质感、色彩、功能且安全的玩具，供宝宝抓握、把玩、盯视，刺激宝宝感知觉的综合发展。

❹ 通过活动、运动促进宝宝发展。经常变换宝宝的姿势，创造安全的活动空间，与宝宝一起做游戏，常带宝宝到户外走动等，刺激宝宝本体觉、前庭觉的发展。

❺ 利用生活中的物品随时刺激宝宝发展。如确保安全的前提下，给宝宝尝一尝各种味道的饮料，嗅一嗅食物和物品的气味，摸一摸奶瓶、水杯的温度等，刺激宝宝的味觉、嗅觉、触觉等综合发展。

关注发育敏感期，促进宝宝充分发展

0 ~ 1 岁宝宝有多个发育敏感期，要予以充分关注。

❶ 0 ~ 3 个月是光敏感期，要注意白天打开窗帘，晚上关灯睡觉，帮助宝宝适应白天和黑夜。

❷ 从 4 个月起，进入口腔敏感期，宝宝开始用口腔探索世界，拿到什么都要放嘴里尝一尝，这时不要强行纠正，可提供干净的磨牙玩具，让他尽情地咬。

❸ 6 ～ 8 个月进入平衡力敏感期，宝宝开始用手臂和腿移动自己，这时尽量创造条件，让他尽情地爬或行走。

❹ 9 ～ 12 个月进入语言发育敏感期，不仅要经常跟宝宝说话，还要认真“听”宝宝说，主动对话，激发宝宝的语言兴趣。

❺ 1 岁前还是精细动作发展的起始期，要让宝宝用手触摸质地不同、大小不同的玩具，玩撕纸游戏，自己抓东西吃等，促进宝宝手指充分发育。

重点回顾

0 ～ 1 岁宝宝尽管不会说话和表达，但心理发展迅速，正在从全能自恋走向安全依恋，家长要在照护好吃、睡、穿衣、大小便的同时，多给宝宝爱、关怀和环境刺激，多进行眼睛、语言和肢体交流，多提供有益的玩具和物品，多让宝宝接触丰富多彩的事物和周围的人。还要关注发育的敏感期，不随意阻止宝宝的各种探索行为，帮助宝宝促进感知觉良好发展，培养信任感和安全感，促进宝宝心理健康发展。

如何帮助 0 ~ 1 岁宝宝更好地生长发育？

典型情景

妮妮，6 个月。最近妈妈有些焦虑，两个月来妮妮一直有吐奶和哭闹现象，有时一哭就是一晚上，弄得妈妈筋疲力尽、烦恼不已。医生说妮妮有轻度营养不良，身高、体重都没有达标，让妈妈关注宝宝的生长发育规律，科学喂养。那么，宝宝的生长发育规律是什么呢？

对照判断

看一看，您家 0 ~ 1 岁的宝宝，出现过下面的情况吗？

表现	判断
❶ 出生后 3 ~ 4 个月，体重约等于出生时的 2 倍。	□
❷ 出生后前半年平均每月身长增长 2.5cm 以上，后半年平均每月增长 1.5cm 左右。	□
❸ 4 ~ 6 个月开始长乳牙，1 岁时有 6 ~ 8 颗牙。	□
❹ 6 个月时能独自坐一会儿，开始学习爬。	□
❺ 8 个月时每天睡眠 14 小时左右，睡眠时间随月龄增加而有所减少。	□
❻ 1 岁时身长 75cm 左右，体重 9kg 左右，开始学走路。	□

如果您的宝宝符合上述多数选项，恭喜，您的宝宝很健康。

想一想，对 0 ~ 1 岁的宝宝，您是这样关注宝宝生长发育的吗？

表现	判断
❶ 在宝宝房里张贴了身高、体重对照表，随时关注。	☐
❷ 认为只要智力正常，宝宝的身高、体重、牙齿、动作发展没什么大关系。	☐
❸ 按照专家给出的标准喂养，唯恐喂多了或喂少了。	☐
❹ 严格按照书上的要求规定睡眠时间，时间到了就不让宝宝再睡。	☐
❺ 认为会不会爬没关系，直接锻炼宝宝走路。	☐

如果您勾选了除第 1 项之外的选项，说明您对宝宝身体成长规律的认识还不太够，需要进一步学习哦。

关键知识

0 ~ 1 岁是宝宝生长发育最快的时期，月龄越小，生长发育越快。出生前 3 个月最快，后半岁逐步变慢，整个生长过程遵循由量变到质变，由上而下，由近及远，由粗到细，由低级到高级，由简单到复杂的规律。

由上而下：宝宝的头部先于躯干和四肢发育，先会抬头，而后会翻身，最后会抓、坐、跑。由近及远：如宝宝通常先动胳膊，然后才会动手指。由粗到细：腿脚粗大动作先于手部精细动作发展，先会爬、走，再会捏、画。由低级到高级：宝宝会先听、看，感受周围的事物，再学会模仿，形成思维。由简单到复杂：如说话先发咿呀声，然后说清晰的话语。

如果宝宝生长发育迟缓，会带来免疫力变差、智商发育不足等系列问题，影响终身发展。国家卫健委颁布有《7 岁以下儿童生长发育参照标准》，包括身高、体重、头围、BMI 等各项数值，家长可对照参考，及时发现宝宝生长的问题，并采取有效措施。

建议方法

家长要了解宝宝的生长发育规律和基本标准，做到及时关注，喂养得当。

关注身体变化，做到心中有数

身高和体重是宝宝生长最直接的两个指标。足月宝宝身长大约 50cm，每月长 1.5 ~ 2.5cm，1 岁时身长 75cm 左右；足月宝宝出生时体重 3kg 左右，出生后 3 个月体重增加到出生时的 2 倍，12 个月增加到出生时的 3 倍。

动作变化也是观察宝宝生长发育情况的指标，俗语“三抬四翻六会坐，七滚八爬周会走”，说的就是宝宝每个月龄的动作变化。

如果身长高于或低于标准的 10%，体重高于或低于标准的 25%，或者在每个月龄段没有出现应有的动作变化，都要引起注意，必要时咨询儿科医生查找原因。

做好常规体检，促进健康成长

1 岁前宝宝最好做 6 次常规体检，分别在满月、42 天、3 个月、6 个月、9 个月、12 个月时进行，一般除测量身高、体重、头围外，还要看宝宝的听力、视力、肢体动作、心率等。不同月龄段体检项目稍有差别，满月时看身体全面发育，42 天时开始监测智能发展，3 个月时主要检测动作发展，6 个月时看冒牙情况，9 个月时看牙齿及多种动作，1 岁时除牙齿和动作外，还要检测血铅情况。这些常规体检对掌握宝宝生长发育情况意义重大，有助于及早发现潜在疾病或发育不良，家长一定要重视。

细心观察生长变化，做到科学喂养

0 ~ 1 岁时，宝宝摄入的营养除满足新陈代谢外，还要保证体格和各器官发育的需要，但这一时期宝宝消化吸收功能不完善，身体与环境之间未完全适应，必须通过科学喂养保证充足的营养。家长要了解消化系统发育特点，学习科学喂养知识，比如哺乳次数、喂奶量、每次喂奶的时长等。添加辅食也一样，每一种辅食添加后，都要认真观察宝宝的适应情况，还要根据需要补充维生素 D 等。宝宝的喂养有一定的规律，但具体怎么喂养要根据每个宝宝的情况而定，切不可生搬硬套。

了解常见疾病，及时防治

未满周岁的宝宝，体格未发育完全，免疫系统不成熟，加上新手家长会出现照护不当等问题，特别容易生病。0 ～ 1 岁常见的疾病有感冒、腹泻、便秘、湿疹、急疹、鹅口疮、尿路感染、尿布皮炎、急性肠套叠、肺炎、腹股沟疝气、佝偻病等十几种，家长要细心观察宝宝的状态，了解各种常见病的特征及护理方法，及时判断是否需要送院就医。如果有条件，建议与相对固定儿科医生进行咨询和治疗。

重点回顾

0 ～ 1 岁宝宝的生长发育是一个快速从量变到质变的过程，既有连续性又有阶段性，呈现出明显的动作变化。国家发布有生长标准对照图表，家长要科学喂养，善于观察，对照生长标准确保宝宝生长发育良好。

此外，由于宝宝的体格未完全发育，免疫系统不成熟，消化吸收功能不完善，非常容易生病。如果宝宝出现食欲缺乏、情绪不佳或发育迟缓等现象，要及时咨询育儿师或儿科医生，做到早发现早治疗。

如何促进 0 ~ 1 岁宝宝的动作更好发展？

典型情景

最近，端端的妈妈很焦虑。端端 9 个月了，身高 73cm，体重 15kg，看起来壮壮实实的，能拿起积木对敲，也能捏起小饼干往嘴里塞，但端端爬起来很难看，只能勉强用小屁股往前挪或小肚皮蠕动着往前移动，看起来像不会爬。宝妈圈里说 9 个月的宝宝都会爬了，而且爬行很重要。端端是不是动作发展不够好？应该怎么办呢？

对照判断

在育儿路上，您是否有过这样的问题或困惑呢？

表现	判断
❶ 宝宝发展不一样，怎么才能知道我家宝宝动作发展得好不好呢？	☐
❷ 宝宝不肯爬就学走路了，是不是一定要让他学爬呢？	☐
❸ 宝妈圈里说 1 岁内精细动作发展也很重要，什么是精细动作呀？	☐
❹ 宝宝是先学会一个动作再学会下一个动作，逐步发展的吗？	☐
❺ 在宝宝动作发展过程中，家长是顺其自然还是有所干预？	☐
❻ 随着宝宝活动范围变大，要把家里有棱角的地方都包起来吗？	☐

如果您勾选了上面的大部分问题，说明您很用心，请继续关注怎么解决这些问题吧！

关键知识

婴儿动作发展包括躯体和四肢动作发展，遵循从整体动作到分化动作、从上部动作到下部动作、从大肌肉动作到小肌肉动作、从无意识动作到有意识动作四个规律。宝宝一般 3 个月抬头，4 个月翻身，5 个月学坐，6 个月能坐后逐步会爬。不管宝宝个体差异如何，这些动作发展的顺序是不变的。但宝宝不是先学会一个动作再学另一个动作，而是交叉进行的。在适合的月龄段，相应动作需要有意识地加以训练和强化，特别是手部的精细动作。从动作发展的变化可以观察宝宝发育是否正常，家长应予以特别关注。

建议方法

0 ～ 1 岁宝宝的动作发展非常重要，家长要关注以下要点与方法。

学习动作知识，掌握发展规律

宝宝的动作发展分为大动作和精细动作，大动作是需要躯干和四肢大肌肉配合完成的动作，如走路；精细动作是手臂和手部小块肌肉完成的动作，如抓捏。婴儿动作发展遵循首尾规律、近远规律、大小规律和无有规律，即宝宝动作是按照从头到脚，从身体中心到四肢肢端，从大肌肉到小肌肉，从无意识到有意识的顺序发展的。家长掌握宝宝动作发展规律，可以自行判断宝宝的发育程度，进行科学养育。

观察发展程度，给予适当练习

宝宝的动作发展是一个综合过程，既有内在本质原因，也有外在培养因素。当宝宝大脑、骨骼、肌肉发育到一定程度时，就可以练习相应动作了。

如果练习过早，神经、骨骼、肌肉发育不成熟，练习不仅没用，还会伤害骨骼发展；练习晚了，又会错过发展的关键期。

❶ 宝宝 3 个月时如能俯卧抬头、用手肘部分撑起身体，家长就要多进行语言、眼神、表情和肢体的互动。

❷ 6 个月时能俯卧抬头、熟练翻身，手臂力量增强，可以进行坐姿练习。

❸ 6 ～ 8 个月时坐得很稳，开始尝试用上肢和腹部爬行，可以帮他练习爬行和站立。

❹ 8 个月以后能进行有依靠的站立，就可以练习走路了。

家长要观察并寻找宝宝动作发展关键期，不过早练习，也不懒做或不做练习，要根据月龄段和宝宝的能力，提供可动、可视、可听、可触的玩具，帮助宝宝训练大动作，强化综合刺激。

创设适宜环境，鼓励探索玩耍

家长不要整天抱着孩子，要学会“放手”，在家中为宝宝创设安全、支持性的玩耍环境。小月龄时让宝宝躺在床上或干净的垫子上，尝试翻、坐、爬等各种动作，稍大月龄后创设玩具角或玩具屋，陪伴宝宝自主探索和玩耍。陪伴过程中，家长要多和宝宝说话，用玩具吸引他触摸、抓握、用嘴巴尝等，练习力所能及的小技能。当然，如果宝宝在探索中遇到困难，如翻了好几次身都没有成功，家长要及时帮助宝宝完成这一动作。探索与玩耍是宝宝动作发展的最好支持方式，要多创造环境帮助宝宝练习。

抚触做操训练，培养运动习惯

研究表明，通过抚触操和主被动操有意识地对宝宝进行身体和四肢锻炼（详见第 65 ～ 69 页），对宝宝的心智、动作发展具有极大价值。有条件的家长可以自宝宝出生开始做抚触操、主被动操，促进宝宝肌肉、动作和神经系统的发展。同时，家长要特别注意，无论是做操、运动还是户外活动，都尽量选择相对固定的时间，这样可以培养宝宝的运动兴趣与习惯。

重点回顾

0 ～ 1 岁宝宝动作发展特别迅速，遵循首尾规律、近远规律、大小规律和无有规律，家长要了解动作发展规律和出现里程碑动作的时间，观察对比宝宝的动作发展程度，根据情况给予适当的练习或训练。要创造安全、合适的环境，让宝宝充分地探索玩耍，给宝宝做抚触操、主被动操等，并相对固定宝宝的运动、户外和做操时间，全方位锻炼宝宝的动作能力发展。

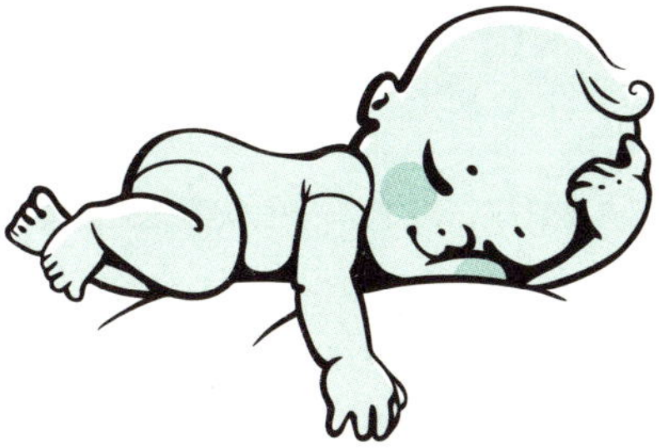

宝宝总要大人抱着睡怎么办？

典型情景

乐乐，3个月，睡觉必须得抱着，一放就醒并哇哇大哭，妈妈很无奈。感觉他睡得很沉了，偷偷放在小床上，身体一沾床他就醒了，晚上睡觉也要抱着折腾很长时间，还只让妈妈抱，弄得妈妈几乎要崩溃了。乐乐为什么要大人抱着睡觉呢？如何才能让乐乐养成睡眠好习惯？

对照判断

您家的小婴儿是否有如下情况呢？

表现	判断
❶必须抱着、晃着才能入睡。	□
❷看着已经睡熟了，一放在床上就醒，一醒就哭。	□
❸睡觉特别没有规律，有比较严重的闹瞌睡现象。	□
❹睡眠特别浅，有点动静或尿布湿了，马上就醒，还哇哇哭。	□
❺养成了白天睡觉，晚上不睡的习惯，特别熬人。	□

如果您勾选了两个及以上选项，说明您面临着宝宝的睡眠困扰，您需要了解宝宝的睡眠知识，帮助宝宝养成睡眠好习惯。

关键知识

刚出生的宝宝特别喜欢被抱着睡，是因为抱着睡更像在妈妈子宫里的状态。宝宝在妈妈子宫里时，周围有羊水和子宫包裹，出生后没有了这样的环境，宝宝会缺乏安全感。当抱着睡觉时，宝宝蜷缩的姿势与在子宫里类似，在妈妈怀里还能感受到妈妈的体温和心跳，宝宝会觉得舒适且安全。而且，抱着时宝宝的头部和身体呈斜线，头部比较高，胃液不会反流，有利于减少宝宝腹胀等不舒服感。因此，大多数宝宝都非常喜欢被抱着睡。

然而，1 岁前的宝宝睡眠时间很长，新生儿每天的睡眠时间在 18 小时左右，周岁时每天也要睡 14 小时，长期抱着睡不仅家长很辛苦，还会影响宝宝脊柱发育。家长要注意，不能让宝宝养成抱着睡的习惯。

建议方法

哄孩子睡觉是一件让家长头疼的事，也许以下方法能帮到您。

营造舒适的睡眠环境

睡眠需要较暗的环境，宝宝房最好装上遮光窗帘，用棉布、棉被把小床布置得温暖、舒适、软硬适中，垫高小床一端，使小床形成一点倾斜和坡度，避免因宝宝的胃没发育完善而导致的胃液反流和腹胀。宝宝白天睡觉时，关上窗户，拉上窗帘，减少噪声和强光，养成宝宝在黑暗中睡眠的习惯，将室内温度、湿度调整到适合睡眠的范围，温度保持在 22℃ ~ 26℃，湿度保持在 40% ~ 70% 比较合适。还可以播放一些轻缓、愉悦的音乐等，营造让宝宝身心彻底放松的良好睡眠环境。

尝试新生儿“5S 安抚法”

新生儿“5S 安抚法”是由美国著名儿科医生哈韦·卡普博士在《卡普新生儿安抚法》中提出来的。卡普医生认为，继孕前期、中期和后期之后，婴儿出生的前 3 个月应该归为“第四期”。这个时期虽然宝宝已经出生，但他的大脑发育还不能适应外界的生活，安抚宝宝的关键在于最大限度地还原宝宝在子宫中的环境。“5S 安抚法”就是尽量还原子宫环境的方法，包括 Swaddling（襁褓）、Side/Stomach Position（侧卧 / 俯卧）、Shushing/White Noise（嘘声 / 白噪声）、Swinging（摇晃）以及 Sucking（吮吸）。

❶ 襁褓法（Swaddling）。把宝宝包裹起来，让宝宝重回子宫状态，找到安全感。注意腿以下要包得松一些，不要影响宝宝髋部发育。

❷ 侧卧或俯卧法（Side/Stomach Position）。把宝宝脸朝外抱住，使其呈侧卧状，或让宝宝俯卧，回到在子宫时熟悉的姿势。注意俯卧时要有人照护，且不宜时间长。

❸ 嘘声或白噪声法（Shushing/White Noise）。对着宝宝的耳朵发出超过哭声的“嘘——”，或制造一些白噪声，如吹风机、吸尘器、电风扇的声音，或播放海浪、瀑布的声音，都会起到很好的安抚作用。

❹ 摇晃法（Swinging）。抱着宝宝轻轻地走动、轻晃，或者把宝宝放在摇篮中、小推车中轻摇，会让他感到放松和舒适，从而停止哭泣。注意摇晃幅度不要太大。

❺ 吮吸法（Sucking）。含住妈妈的乳头或安抚奶嘴，宝宝马上就会停止哭闹。

在这样的环境中，宝宝就像在子宫中一样舒适和温暖，有助于开启他的镇静反射，避免受到外界干扰而发生惊跳反应，能睡得更加安稳。

不过，襁褓包裹只适用于 0 ~ 3 个月的宝宝。3 个月后，宝宝神经系统的发育使他对外界干扰的敏感性变小，襁褓包裹的限制反而会影响宝宝四肢跟身体器官的发育，不建议再使用任何包裹物。

注意放下宝宝的节奏和姿势

当把怀里的宝宝放到床上时，他的身体从蜷缩变为伸展，放下的下坠感和落差很容易开启宝宝的惊跳反射，使他手脚乱挥而惊醒。因此，宝宝在妈妈怀中睡着时，要注意放床的节奏和姿势，尽量慢放、轻放，先放脚，让小屁股着床，然后背部着床，当宝宝头着床的时候，妈妈放在宝宝脖子下面的手先不要急着抽出来，保持宝宝身体不动并仔细观察，当宝宝呼吸平稳、均匀时，轻轻抽出放在宝宝脖子下面的手，再观察一会儿，如果宝宝的呼吸仍保持平稳，可以准备离开。离开时上半身先轻轻抽离，然后全部离开，尽最大努力减少对宝宝的干扰。

不要一哭就抱，适当变换睡姿

大多宝宝最初独立睡眠时都会哭闹，家长要学会观察，不要一听到哭声就把宝宝抱起来。如果宝宝只是瞌睡，没有其他问题，但一放下就醒，家长可以坐在宝宝身边，用手抚摸他的后背或轻摇小床，让宝宝感觉到家长在身边，从而产生安全感，逐渐学会独自睡眠。

宝宝睡着后，家长要观察宝宝的表现，根据情况帮助宝宝变换睡眠姿势，如果宝宝平躺时出现不安表情，可以帮宝宝翻身侧睡。如果宝宝扭脖子或有呕吐，可直接让宝宝侧躺睡觉，因为侧躺更像胎儿在子宫中的姿势，能激活宝宝的镇静反应，利于宝宝更好地睡眠。但要注意不能让宝宝一个人趴着睡觉，容易出现心悸、呼吸困难等危险。

尽早培养良好的作息习惯

从宝宝出生的第 2 个月开始，就可以有意识培养宝宝的睡眠习惯。比如，每天晚上 8 点给宝宝洗漱，抹上护臀膏，换上尿不湿和睡衣，让宝宝慢慢知道这是要睡觉了，逐渐区分清楚白天和黑夜。

3 个月后，增加宝宝白天的玩耍时间，相对固定宝宝午睡、下午睡眠等时间。如果午睡时间过长，要把宝宝叫醒，防止晚上不按时睡。

4 个月后，宝宝的睡眠模式逐步向成人转换，要注意固定喂奶和换尿布次数，如果出现频繁夜醒，要多加安抚，不增加喂奶次数，让宝宝醒后再次快速入睡。9 个月后，宝宝可以睡整觉了，白天要进一步增加宝宝活动时间，上午和下午各安排一次小睡，相对固定午睡、晚上睡眠时间，培养宝宝的生物钟。

重点回顾

睡眠对宝宝神经系统和身体发育极其重要，抱着睡类似于宝宝在子宫中的环境，是宝宝比较喜欢的姿势，但是抱着睡不利于宝宝的身体健康发育。家长要了解宝宝的睡眠知识，0 ~ 3 个月，可以用“5S 安抚法”促进睡眠。3 个月后，建议不再使用任何包裹物，家长要尽量减少抱着睡、晃着睡的时间，让宝宝及早区分白天、黑夜，通过固定生活习惯和睡眠时间，养成规律的睡眠习惯。

小宝宝时常哭闹怎么办？

典型情景

欢欢，刚满月，萌萌的样子软化了爸爸妈妈的心。看着欢欢恬静的睡颜，爸爸妈妈感到满心幸福与美好。可是，一个多月来，欢欢时常哭闹且特别难哄，一阵阵不明原因的哭声揪着爸爸妈妈的心，哄又哄不住，不哄又哭得撕心裂肺，去医院检查，欢欢一切正常。面对爱啼哭的欢欢，爸爸妈妈应该怎么办呢？

对照判断

想一想，您家宝宝哭闹时，您是怎么做的？

表现	判断
❶ 一听到宝宝哭就赶紧抱起来，害怕宝宝哭坏了。	□
❷ 任凭宝宝哭，哭累了他自然就不哭了，还会自己睡着。	□
❸ 哭是宝宝的“运动”方式，对心肺有益，尽情地让宝宝哭。	□
❹ 认真辨别宝宝的哭声，弄清为什么哭，然后再采取措施。	□
❺ 听到宝宝的哭声就烦躁，大声训斥他不要哭。	□

如果您勾选了第 4 项，说明您已经学会如何应对宝宝的啼哭。如果您勾选了其他选项，请耐心阅读以下知识。

关键知识

婴儿不会说话，啼哭是表达自我、与外界交流的主要方式。1 岁前的宝宝用哭声来表达他们饥饱、冷热、紧张、害怕等需求与情绪，所以，啼哭是他们的正常生理现象和情绪表达，家长要学会观察，聆听宝宝哭声背后的需求。

宝宝的哭声变化多端，有大有小、有强有弱，从哼哼唧唧的啜泣到声嘶力竭的大哭，报告着他不同程度的需求。家长不能对哭声置之不理，要在听到哭声后迅速反应，根据情况采取相应措施。如果遇到宝宝声嘶力竭长时间大哭，一定要查明原因，必要时送医院检查。

建议方法

如果您正在为宝宝哭闹而烦恼，请看下面的方法建议是否有用。

弄清哭闹原因，进行有效安抚

细心的家长在照顾孩子一段时间后，一般都能比较准确地分辨孩子啼哭的原因。宝宝啼哭有生理性、心理性和病理性原因，下表列举了常见的宝宝啼哭的情况。

类别	宝宝哭声特点	动作表情	宝宝想表达什么	安抚措施	错误应对
生理性	由弱变强，再由强变弱，声音响亮	噘嘴歪头做找吃动作，如果无人响应，会不停地哭	我饿了，要吃奶	抱起宝宝先安慰“宝宝饿了，吃的马上就来”，喂奶时与宝宝对视，进行眼神交流	直接把乳头塞入宝宝口中，宝宝急于吃奶容易造成呛咳

类别	宝宝哭声特点	动作表情	宝宝想表达什么	安抚措施	错误应对
生理性	不会很大声，节奏较缓慢	躯体不安地转动，哭几声后，无应答会慢慢停止哭闹	我尿尿（拉屎）了	及时换尿片并表扬“宝宝真聪明，会告诉妈咪尿尿（拉臭）了”	不及时换尿片，宝宝会产生冷漠心理；斥责或不说话会让宝宝感到不安
	低沉有节奏或满脸通红	肢体稍动，手脚凉，身体蜷缩，表明太冷；四肢舞动，满头是汗，后背很热，表明太热	我冷了或我热了	冷一般出现在换尿布或换衣服时，要加快速度，如果穿少了要加衣；热了要脱衣服，或降低室内温度	冷时不要一下子加太多衣服，热时不要一下子把温度降得太低或对着风口吹
心理性	哭叫短促，声音较尖、较急迫	身体蜷缩、表情紧张	我害怕	搂紧宝宝，用脸颊贴宝宝的脸，用语言安慰、鼓励宝宝不怕	用慌张、急促、重复的语言安慰宝宝，或大力晃动、摇摆、不停走动，让宝宝觉得大人也害怕
	哭声大、音调高、拖音长	感觉有耗不完的体力	我就是要（睡觉、出去、玩儿）……	这种哭目的性很强，要找出原因区别对待	不管不问，随便宝宝哭
	看不到人时低声啜泣，看到人大声啼哭	无精打采或四处寻找	我无聊，要陪陪，要抱抱	6个月前可以多抱抱宝宝，并和宝宝互动沟通，之后视情况而定	认为宝宝无理取闹，斥责他
	哭声尖锐，一阵阵大哭	脸部涨红，小拳紧握，两腿乱蹬	我很生气	弄清生气原因，根据情况满足需要或安抚宝宝	觉得好玩，在旁嘲笑或呵斥、辱骂
病理性	哭声长，哄不住，反复哭	情绪烦躁，伴有呻吟声，哭闹时间长	我不舒服/我生病了	不要表露同情，以免加剧宝宝的不舒服感，要及时看医生，进行针对性治疗	手忙脚乱，无所适从

家长可对照上表，辨识孩子哭声的不同，弄清孩子的需要或不适，并及时处理。

听到哭声迅速反应，增进宝宝安全感

有研究表明，忽视宝宝的哭声，对他不理不睬，宝宝哭的次数会较多且每次哭的时间更长。相反，哭了及时得到照顾的宝宝，信任感和安全感强，与家长关系亲密，各方面都会发育得比较快。因此，对于 1 岁以内特别是 6 个月以内的宝宝，家长在听到哭声后要迅速作出反应，弄清啼哭的原因并有效安抚。

有一种观点认为，不能一哭就抱，这样容易养出爱挑剔、爱哭的孩子。这是针对溺爱孩子的家长提出的建议，孩子一哭就抱或宝宝大了提一些无理要求仍满足他，的确会养成坏习惯，但宝宝小的时候，哭是提出需求的唯一表达方式，家长要学会辨别并把握好如何安抚。

学会哄哭方法，避免宝宝啼哭不安

0 ~ 3 个月的婴儿如果特别爱哭，可以试试儿科医生哈韦 · 卡普的“5S 安抚法”（见第 18 页），激活镇静反射。

“5S 安抚法”主要是模拟子宫的状态，对 0 ~ 3 个月的宝宝比较有用，但对于 4 个月以上的孩子，他们的视野广了、需求多了，家长一定要根据哭的原因寻找对策，理解哭声背后的生理和心理状态，给予理解、支持、回应和关怀。

辨别病理性啼哭，及时送医

1 周岁内的宝宝比较容易因病啼哭，需要特别关注。一般情况下，宝宝生病时啼哭的时间比较长，会反复啼哭，精神状态差。但不同疾病，宝宝哭的表现也不一样，家长要注意辨别并及时寻医问药。

❶ 宝宝夜间总醒，哭一会儿，睡一会儿，像受到了惊吓，可能是缺钙。

❷ 宝宝哭声音调高，来得急，去得快，四肢抽动，可能是某个部位痛。

❸ 宝宝流涎，喂食时哭闹，可能是溃疡、疱疹、糜烂、牙龈肿胀引起的嘴巴疼。

❹ 宝宝哭声短促，且伴有咳喘，口唇发紫，呼吸费力，有时还发热，可能患了肺炎。

❺ 宝宝发出似哭又微弱的“哼哼”声，没有情绪和要求，呻吟低哭，表明宝宝生病严重，没有力气大声哭。

重点回顾

啼哭是婴儿期的正常现象，是宝宝与外界交流的信号和主要方式，家长不要怕婴儿啼哭，但要弄清啼哭背后的原因，及时回应并有效安抚。心理学研究表明，放任婴儿啼哭而不及时回应，会影响孩子与家长建立亲密关系，让孩子产生无助感，长大后会影响他的交往能力，容易形成内向、孤僻、不善言辞的个性。所以，在宝宝啼哭时不能放任不管，也不能一哭就抱，要根据不同情况分别应对，总结一些哄哭的有效方式，特别要注意辨别生病啼哭并及时就医。

家长成长与角色定位

面对刚出生的宝宝，喜悦过后，妈妈如何调适身心，爸爸怎样参与宝宝的照料活动？给宝宝喂奶、换尿布和洗澡时有什么学问？又如何给学着说话、走路的宝宝买玩具？宝宝喜欢把东西往嘴里送，家长要制止吗？面对这一个又一个的疑问，这部分内容将为您逐一展开解答。

如何成为一名合格的新手妈妈？

典型情景

燕燕，四个多月，最近让妈妈特别头疼，要么不好好喝奶，要么不好好睡觉；已经很注意穿衣、洗澡和室内温度了，一不小心燕燕又感冒发热到39℃；不知道是天热还是什么缘故，小屁股又长了湿疹……面对燕燕的种种情况，爸爸干着急帮不上忙，听着燕燕哇哇的哭声，妈妈被折磨得发狂，一不小心就对爸爸火冒三丈。妈妈知道这样发火不对，但如何才能成为一名合格的新手妈妈呢？

对照判断

想一想，过了初期的喜悦后，在照顾宝宝吃喝拉撒的过程中，您是否有下列纠结和困惑？

表现	判断
❶ 宝宝与育儿书、专家讲的状况都不一样，用那些方法根本不行。	□
❷ 都十二分尽力了，宝宝还是经常哭闹、生病，头大极了！	□
❸ 宝宝哇哇的哭声让人心烦意乱，到底是哪里没做好啊？	□
❹ 所有时间都花在了宝宝身上，感觉都失去自我了！	□
❺ 白天晚上都睡不好，感觉整个人要疯了！	□
❻ 动不动就想对爸爸或其他家人发火，自己到底怎么了？	□

如果您选择了2个以上的选项，说明您对养育宝宝还不熟练，加油啊！

关键知识

对于新手妈妈来说，至少面临两大挑战：一是家庭关系变化带来的挑战，由夫妻二人变成一家三口，夫妻角色外增加了家长角色，如果有祖辈照顾孩子，家庭关系会更加复杂，妈妈既要适应自己角色的变化，又要应对复杂的家庭关系，难免身心疲惫；二是身体康复和照顾宝宝带来的双重压力，生完宝宝后，妈妈的身心需求都在变化，而爸爸虽在适应新角色，却往往给不到真正的帮助，加上宝宝经常哭闹、生病，进一步加剧了妈妈的无力感和无助感。因此，新手妈妈需要一个身心调适的过程，要尽量去观察和总结宝宝的需要，重新认知和适应家庭关系，必要时可借助外界的各种帮助。

建议方法

如果您是一名正在纠结和困扰中的新手妈妈，也许以下建议和方法能帮助您。

转变角色，认清变化

当新生命诞生，家庭进入“养育新人期”，会发生很大变化。

❶ 人口数量变化。新生命让家里增添了新成员，除宝宝之外还会增加祖辈、保姆等，人口增加使家庭关系变得复杂，这本身就是一种新挑战。

❷ 自我角色变化。由妻子转变为妈妈，生活重心由二人世界转变为照

护宝宝，育儿观念的差异和周而复始的琐碎家务，考验着新手妈妈的情绪、精力和耐力。

❸ 家庭开销变大，部分家庭因照顾宝宝，还会产生新的经济压力。

所以，新手妈妈在孕期就要认清并正视家庭可能发生的变化，在孩子出生后积极接纳作为母亲的角色，做好自我心理建设，勇敢承担起养育宝宝的任务。

相信自己，认真带娃

新手妈妈要相信母爱是一种本能，自己能够照顾好宝宝。妈妈要多学母婴知识和育儿知识，多向有经验的妈妈或前辈请教，多了解宝宝发展规律和照护常识，尽量母乳喂养，与宝宝同床睡眠，经常与宝宝说话和互动，让宝宝切实感受到妈妈无私的爱。如果有祖辈共同照顾，注意不要轻易否定他们的育儿经验，要照顾好老人的情绪，如果老人的育儿理念与自己不一致，可以建议老人试试自己的方法。协调好家庭内部关系，也是宝宝健康成长的重要保证。

逐步适应，重构规律

新手妈妈都要经历摸着石头过河、从不适应到适应的过程，面对新的角色和使命，不必对自己要求太高，更不必追求完美。刚生完宝宝的几天，可以让祖辈、丈夫多照顾宝宝，自己吃好、睡好、恢复体力后，再更多地照顾宝宝。在照顾宝宝的过程中，要学会运用所学知识观察和“管理”宝宝，识别宝宝的各种需求信号，“管理”宝宝的生活规律。在宝宝哭时，尽量多关怀照顾；在宝宝睡觉和玩耍时，可以让其他家庭成员带养。9 个月左右宝宝能睡整觉后，要注意培养宝宝规律的生活习惯，恢复妈妈的正常作息。

抓住核心，放松自我

著名的“恒河猴实验”[1]及许多案例证明，亲子关系的核心是柔软的母爱，母爱充足、母子关系好，不意味着妈妈要事必躬亲地照顾宝宝，而是要看得见宝宝的需求，能够理解和支持宝宝，在宝宝有正常需求时满足他，如饿了喂他奶、渴了给水喝、尿了换尿布等。所以，新手妈妈要了解自己的宝宝，在他需要的时候给予恰如其分的支持与帮助，而不是时时相守把自己弄得筋疲力尽。妈妈要学会把一些照顾工作交给家人特别是爸爸，给自己留出时间充分休息，把自己照顾好了，才能更好地照顾宝宝。

重点回顾

新手妈妈面临家庭关系、角色调整、家务琐事、育儿观念等诸多变化带来的挑战，很容易失去信心而情绪崩溃。所以，从孕期开始，准妈妈就要学习调整自我，接纳母亲角色；在宝宝出生后，学会观察和照顾宝宝，适应宝宝的习性和规律，在宝宝有需求如饿了、渴了、需要交流时满足他；同时协调好家庭成员关系，取得家庭成员的有效支持，重构自己的生活规律。除此之外，妈妈还要鼓励爸爸参与育儿，接纳祖辈带娃，时时给自己放放假，做一位身心放松的好妈妈。

1　1959 年，美国心理学家哈洛及其同事报告了一项研究成果：让新生的婴猴从出生第一天起同母亲分离，以后几个月同两个母亲在一起——铁丝妈妈和布料妈妈。铁丝妈妈的胸前挂着奶瓶，布料妈妈则没有奶瓶。虽然婴猴同铁丝妈妈在一起时能喝到奶，但它们宁愿不喝奶，也要同布料妈妈待在一起。心理学家由此得出结论，与喂食相比，身体的舒适接触对婴猴依恋的形成起着更加重要的作用。该结论同样适用于人类，父母与孩子之间要保持经常的肌肤接触，让孩子感受身体接触带来的安慰感，对大一些的孩子也应如此。

如何让爸爸一起照顾新生宝宝？

典型情景

牛牛，尚未满月。从医院接回家后，全家都很开心，特别是爸爸，没事就盯着牛牛看，感觉找到了奋斗的新动力。但一周后，爸爸蒙了，宝宝又小又软，一会儿喂奶，一会儿哭闹，一会儿又要换尿布，还要洗澡、做抚触，看着妈妈忙里忙外，爸爸完全无所适从。奶奶说照顾小婴儿不是爸爸的事，真的是这样吗？

对照判断

想一想，在照顾新生宝宝时，爸爸有以下的感受或表现吗？

表现	判断
❶ 宝宝刚出生时兴奋喜悦，慢慢感觉自己使不上劲儿，主动靠边站。	☐
❷ 尝试着给宝宝喂奶或换尿布，结果弄得一团糟，引发妈妈不满。	☐
❸ 孩子出生前跟妈妈一起学了很多育儿知识，临到用时发现全乱了。	☐
❹ 看着妈妈照顾宝宝觉得很简单，自己一上手就做得乱七八糟。	☐
❺ 多次失败后感觉自己不是照顾孩子的料，有些沮丧和内疚。	☐
❻ 认为照顾宝宝是女人的事，自己一个大男人不该也不需要掺和。	☐
❼ 认为自己多关心妻子就可以了，不需要参与照顾宝宝。	☐

如果爸爸勾选了 2 项以上，说明没有认识到参与照顾宝宝的重要性，需要学习相关知识。

关键知识

由于十月怀胎，妈妈跟宝宝天然接近，因此承担了大部分育儿责任，爸爸则相对较少参与宝宝的日常照料。但研究和调查显示，婴儿缺乏父爱，会表现出焦躁不安、食欲减退、抑郁易怒等“父爱缺乏综合征”，且年龄越小，出现这种症状的危险越大。所以，宝宝幼小的心灵需要父爱的滋养，需要父亲用阳刚之气、理性思维做精神交流，给予宝宝力量感，培养宝宝独立性和坚忍不拔的品质，提高宝宝的“父性”人格。从 0 岁开始，爸爸积极参与育儿，还能更好地理解妈妈，创造良好的夫妻关系和家庭氛围，促进宝宝健康发展。

建议方法

让爸爸参与新生儿照顾，的确不是一件容易的事，但爸爸参与育儿有很多好处，希望以下建议能对您有所帮助。

夫妻多多沟通，认识爸爸的作用

夫妻关系时刻影响着孩子。夫妻要多多沟通，共同认识爸爸对孩子的作用。研究表明，爸爸对婴儿各种动作的敏感性、实际操作能力以及关心、爱心、责任心绝不逊色于妈妈。爸爸是孩子的重要榜样，能充当保护者角色，让孩子更有安全感；能满足宝宝身体、情感、智力和社会等方面的需求，助力宝宝教育；能帮宝宝建立自尊、自信，发展交往能力，培养健全人格。妈妈要通过沟通，让爸爸认识到自己的责任，积极参与各种育儿活动。

创造参与机会，给爸爸传授经验

对婴儿的照料，如喂奶瓶、抱孩子、换尿布等，对新手爸爸来说是陌生的、困难的，妈妈要予以理解，有意识地创造机会培养爸爸的育儿责任心，教会爸爸给奶瓶消毒、购买婴儿用品，传授如何喂奶瓶、抱宝宝、换尿布等，让爸爸从小事做起，贡献育儿力量，获得融入感，增强与宝宝的亲子关系。爸爸自己也要积极主动，照顾小宝宝时要有耐心、不怕脏、更细致、多配合，帮着一起分担突然增多的家务劳动，体会妻子的不易与辛苦。

做好相对分工，发挥爸爸的优势

夫妻扬长避短，做好育儿分工很重要。妈妈沉静、细腻，与宝宝有天然的情感联结，可更多照料宝宝的生活起居；爸爸理性、洒脱，不擅长细小动作，可以承担起布置婴儿房间、外出采购、洗澡、动作训练、陪孩子玩等任务，适当减轻妈妈的育儿压力。

爸爸一定要发挥优势，做一些妈妈不擅长的事情，如把宝宝高高举起，跟宝宝打闹，带宝宝进行小小的冒险等。爸爸的照顾不仅能更好促进宝宝的智力发展，而且能使宝宝将来的人际关系更融洽，更加开放、包容，更有进取精神。对男宝宝来说，爸爸多参与育儿还会增加男子汉气概。

多多鼓励赞赏，让爸爸有成就感

对于妈妈，最重要的也是最大的诀窍在于，多跟爸爸说“甜言蜜语”，别以为这是空话，这很管用，能创造良好家庭氛围。如看到爸爸帮宝宝洗好澡，带着宝宝阅读，妈妈可以说“亲爱的，你做得真好”“宝贝有你这样的爸爸，真幸福”这样的话，爸爸听着舒服，成就感会激发巨大的动力，让爸爸更加积极地参与育儿，也会更爱自己的妻子。

当爸爸做得不够好时，千万别批评，更不要唠叨，要学会说“你已经很努力了，下次一定能做好”，既不伤害爸爸的自尊，又能巧妙地指出问题，让爸爸体会妈妈的辛苦和不易，白觉学习照顾宝宝。

重点回顾

爸爸是家庭的重要分子，也是育儿的重要责任人，爸爸阳刚、理性、有力量，多跟宝宝交流和互动，能带给宝宝妈妈身上没有的刚毅、果敢、勇气等男子汉气质。所以，从 0 岁起，就要认识到爸爸的重要性，教会爸爸育儿技巧，做好相对分工，鼓励爸爸多多参与育儿，发挥爸爸陪宝宝阅读、运动和玩耍的优势，带给宝宝更立体的体验和感受，营造甜蜜幸福的家庭氛围，促进宝宝人格健全发展。

给宝宝喂奶、换尿布有什么学问吗？

典型情景

豆豆，5个月，正躺在小床上哭。此时妈妈的声音从门口传来："豆豆不哭，妈妈知道你饿了，马上就来。"听到熟悉的声音，豆豆不哭了。她扭头看妈妈没出现，又哭了起来。妈妈拿着热好的奶瓶匆忙进来："豆豆，等急了吧？"豆豆的哭声更大了。"好了，好了，妈妈这就抱起豆豆来喝奶。"妈妈说着把豆豆抱了起来。当含住奶瓶时，豆豆欢快地吃起来。妈妈微笑着注视豆豆的眼睛，说着夸赞豆豆的话。妈妈这一系列动作，有什么隐含的学问吗？

对照判断

在照护小宝宝时，遇到下面的场景，您是怎么做的呢？

表现	判断
❶ 听到宝宝的哭声，发现需要换尿布了，赶紧拿新的尿布换上。	☐
❷ 经常边给宝宝喂奶，边看手机或打电话，否则太无聊了。	☐
❸ 给宝宝洗澡特别快，涂好沐浴露，擦干，保持干净就行。	☐
❹ 无论喂奶、洗澡还是换尿布，事先告知宝宝，过程中不停与宝宝交流，尽量与宝宝目光接触。	☐

如果您没有勾选最后一项，说明您对育儿的理解还不够全面，赶紧学习"尊重与回应式照护"吧。

关键知识

随着脑神经发育，婴儿会与家长建立一种情感联结关系，又称依恋关系，这种关系很大程度上是通过家长对宝宝的体贴回应和互动形成的，能帮助宝宝建立信任感，产生安全感，影响着宝宝一生的心理健康。依恋关系从出生后 2 个月开始建立，之后逐步发展，6 ~ 7 个月宝宝认生就是依恋关系的表现，8 ~ 18 个月趋于稳定。大量研究表明，1 岁半前，家长与宝宝越亲密，依恋关系越稳定，宝宝就越快乐、越健康。如果宝宝在 2 岁前没有建立良好的依恋关系，长大后容易产生冷漠、自卑、焦躁等性格问题。

在给宝宝喂奶、换尿布、洗澡等日常照料中，运用尊重与回应式照护，是培养宝宝安全依恋关系，促进宝宝身心健康发展的大学问。

建议方法

尊重与回应式照护是越来越被新手爸妈认可的 0 ~ 2 岁宝宝照顾方式，可以从如下几个方面了解和掌握尊重与回应式照护的要点。

认识依恋理论，理解尊重与回应式照护的内涵

依恋理论是由英国精神病学家约翰·鲍比提出的，指婴儿与其家长在相互作用中产生的一种特殊情感关系，这种情感关系通过家长对待婴儿的方式产生，无形中对婴儿的心理健康产生巨大影响。

因此，家长与宝宝建立积极的依恋关系，需要敏锐、细心、耐心地理解并及时回应宝宝的哭闹、语言、表情和动作，通过肌肤接触、眼神、微笑、语言等与宝宝互动，如喂奶时、换尿布时诉说宝宝的感受等。这种满足宝宝生理需求时予以语言、动作回应的方式即尊重与回应式照护，能更好地促进宝宝发展，是宝宝早期学习的重要方式。

掌握尊重与回应式照护的原则与方法

美国早期教育专家米纳和埃尔合著的《婴幼儿及其照料者：尊重及回应式的保育和教育课程（第 8 版)》中，提出了尊重与回应式照护的十大原则。

❶ 让孩子参与照护活动并感兴趣，在宝宝特别小时，通过语言述说让他参与，大人不敷衍了事，不转移和分散宝宝注意力以求快速完成照护任务。

❷ 家长与宝宝相处时要全心全意，思想不游离，及时满足宝宝需要。

❸ 了解宝宝的独特沟通方式（哭声、词语、动作、手势、面部表情以及身体姿势)，相信小宝宝的能力，教给他家长的沟通方式，让宝宝学会配合家长交流。

❹ 培养宝宝生理和认知能力时，通过语言、动作、眼神等关注宝宝的社会性与情绪、情感发展。

❺ 把宝宝视为值得尊重的人，不是可以随意摆布的物件或者脑袋空空的小可爱。

❻ 真诚地向宝宝表达真实感受，不刻意伪装不好的感受，如生气等。

❼ 以身作则，言传身教，不进行空洞说教。

❽ 随着宝宝长大，将问题视为学习机会，鼓励宝宝努力自己解决问题，不溺爱宝宝。

❾ 言行可靠且一致，教会宝宝信任以帮助建立安全感。

❿ 重视和适应宝宝各个阶段的发展，不揠苗助长，不追求所谓的发展里程碑。

尊重与回应式照护的核心是尊重宝宝的个体、文化和家庭环境差异，更多关注宝宝的优势而非缺点，促进宝宝全面发展。

运用 RIE 育儿法

遵从尊重与回应式照护的理念，婴儿专家玛格达・嘉宝于 1978 年提出了 RIE 育儿法。它是一种照料和陪伴 0 ～ 2 岁婴幼儿的综合性方法，教给家长如何在喂奶、换尿布、洗澡等日常照料中，读懂、尊重和回应宝宝。RIE 育儿法有六个关键步骤。

❶ 慢下来。照护宝宝时要尽量慢下来，创造平静而安宁的感觉，让宝宝注意到正在发生的事情并力所能及地参与进去。

❷ 描述和交流。告诉宝宝正在发生及他正在经历的事情，尊重他且能帮助他理解自己和周围的世界。

❸ 建立可预测性和习惯。相对固定每天喂奶、换尿布的时间，让宝宝有机会越来越多地参与其中，并因有所预测而感到安全。

❹ 留出等候时间。告诉宝宝即将发生的事之后，给宝宝留时间来理解家长所说的话。

❺ 高质量陪伴孩子。不管是纯粹陪伴还是帮孩子处理事情，都要全心全意，完全享受与宝宝在一起或照顾宝宝的乐趣，不同时做其他事情。

❻ 关注。给宝宝一段 100% 关注他的时间，让他养成情感满足后一个人休息或玩耍的习惯。

您可以根据情况择机使用 RIE 育儿法，运用得当，一定会大有收获。

重点回顾

宝宝一出生，就通过与父母建立依恋关系来构筑情感世界。父母要理解依恋理论及其价值，认识到尊重与回应式照护对建立安全依恋关系的作用，积极学习尊重与回应式照护的原则和方法，尊重和全心全意地照护 0 ～ 1 岁的小宝宝，并尝试运用 RIE 育儿法给宝宝喂奶、换尿布和洗澡等，掌握喂奶、换尿布等过程中如何与宝宝交流和互动，在对宝宝日常照护的过程中，培养宝宝健康的心理并促进宝宝学习。

如何为 0 ～ 1 岁的宝宝挑选玩具？

典型情景

点点，7 个月，是个满地乱爬的可爱小男孩。家人和亲戚朋友给点点买了很多玩具，如拨浪鼓、积木、汽车、抱抱熊、变形金刚……点点的房间和客厅堆得到处是玩具，很多玩具拆了包装放在那儿基本没动过，点点好像一点都不喜欢这些玩具。妈妈很困惑，是不是买的玩具有问题呢？

对照判断

在给小宝宝买玩具的过程中，您有过以下想法和行为吗？

表现	判断
❶ 玩具是宝宝的玩伴，不嫌多，只要好玩的都买回来。	□
❷ 1 岁前宝宝还小，什么都不懂，也不会玩，适当买点会动的玩具就可以了。	□
❸ 宝宝长得快，要买年龄大一些的宝宝玩的玩具，可以玩的时间长些。	□
❹ 宝宝的小朋友都有很多玩具，宝宝不能输在起跑线上，一定要多给他买玩具。	□
❺ 玩具有什么讲究的，反正最后的结局都是弄坏，看着好玩就行了。	□

如果您勾选了上述选项中的 2 项以上，说明您还没掌握给宝宝挑选玩具的要领，加油学习啊！

关键知识

玩具对宝宝的成长具有非常重要的教育意义。距今 5000 多年前的古埃及文物中，已有兽骨、象牙、黏土等制作的玩偶。玩具不仅仅是宝宝的玩伴，更是宝宝天然的教育工具。但是，玩具种类各异，不同的玩具适应不同成长阶段和不同兴趣爱好的宝宝，家长要根据宝宝的月龄、性别、兴趣等给宝宝选玩具，还要注意玩具的种类、数量和大小。太简单、太复杂、太多或太少的玩具，都不利于促进宝宝的发展。

建议方法

如果您有给宝宝买玩具方面的困惑，请认真阅读以下建议。

适应发育特点，跟上成长需要

1 岁前宝宝发育特别快，随着神经系统发展，宝宝会出现不同的认知行为和动作，买玩具要跟随宝宝的发展来买。

❶ 2 个月之前，宝宝的眼睛、脖子会动，可买黑白色卡、床铃。

❷ 3 ~ 4 个月，宝宝能初步分辨颜色和翻身，可买能发声的玩偶、摇铃、彩球等，颜色要鲜艳，以促进宝宝辨色能力的发展。

❸ 5 ~ 6 个月，宝宝开始有意识地抓东西放嘴里尝，对声音和颜色都敏感，可买八音盒、风铃、按摩球、软积木、不倒翁、洞洞书、浴室玩具等，锻炼宝宝的抓握和手眼协调能力。

❹ 7 ~ 9 个月，宝宝特别好动，精细动作进一步发展，要买能滚动、晃动、不怕摔的玩具，如小球、嵌套杯、布书等。

❺ 10 ~ 12 个月，宝宝可以简单发音，并开始学走路，手指更加灵活，可买玩具乐器、小电动玩具、形状配对盒、小推车、能涂涂画画的蜡笔等。

买玩具是家长重要的教育方式，要适应宝宝发育特点，不拔苗助长，也不错过敏感期，而且要与月龄相适应，跟上宝宝的成长需要。

观察宝宝兴趣，适度投其所好

每个宝宝都是独一无二的，尽管有共同的发育规律，但每个宝宝的发展进度和特点不一样，家长要认真观察，判断宝宝某个阶段能做什么动作，对什么玩具感兴趣，根据宝宝的特征和爱好准备适合的玩具。家长投其所好，买孩子爱玩的玩具，不仅能更好体现玩具的价值，也能更好促进宝宝的发展。

数量不求太多，品种功能更重要

家庭心理学家约翰·罗斯蒙德说：切忌给孩子买太多玩具，玩具不是越多越好，而是越精越好。美国弗吉尼亚大学的研究也提出：对于孩子来说，玩具的数量最好是 5 个，少于 5 个孩子们可能会自卑，当超过 5 个，不仅每一样玩具玩得不充分，还会限制孩子的创造力。目前，家长最容易走入的误区就是购买玩具数量太多，对宝宝“刺激过剩”，让宝宝对玩具失去兴趣和好奇心。所以，买玩具时首先考虑宝宝的年龄特点和喜好，然后考虑玩具的启蒙、情感、益智、科技、音乐、健身等功能，买“有用”的玩具，而不是买的玩具越多越好。

注意买玩具“五不要”，适当选用生活中的物品

1 岁前的宝宝没有防范意识，买玩具要注意安全性，切记“五不要”：

❶ 玩具不要比宝宝的嘴小，防止发生吞咽危险；

❷ 不要装饰太多、小配件太多，避免尖锐、易碎的玩具伤到宝宝；

❸ 不要材料劣质、重心不稳以及线绳长度可能引发窒息的玩具；

❹ 不要急于购买不适合的教学玩具；

5 不要有攀比心理，购买过多昂贵的智能玩具。

实际上，玩具是为了通过玩耍和摆弄，满足宝宝认知和技能发展需要的。在大自然和家庭里，沙、水、草、树、废旧物品或小餐具等，都可以在收集、整理后加以制作，成为宝宝感兴趣的玩具。这些天然的物品，不仅物美价廉，还可以创意无穷。

充分认识到书是最好的玩具

对宝宝来说，万物皆玩具，书也不例外。让宝宝迷上读书，比任何教育都有效。0 ~ 1 岁宝宝也可以选择书来作为玩具，选择的书首先要经得起咬、撕、拉、扔，其次要色彩鲜艳、画面有趣。4 个月前，选择黑白或颜色对比强烈的图片或小书；4 个月后，选择色彩鲜明、背景单纯、没有太多细节的书；7 ~ 9 个月，为满足宝宝翻书的动作，选择硬纸书；8 个月后，可选择一页一物的命名类图书，帮助孩子认识物体名称。宝宝对父母的声音有偏好，父母可经常读有韵律感的文字给宝宝听，让宝宝用身心来体验书。

重点回顾

玩具是宝宝最好的玩伴，是宝宝成长不可或缺的部分。1 岁前宝宝认知少、发育快，挑选玩具一定要注意宝宝的月龄，根据孩子的感知觉和动作发展选择适合的、宝宝喜欢的玩具。要把玩具的安全性放在第一位，注意玩具的数量不能太少，也不要太多，一般在 5 个左右最好，要进行品种、数量和功能搭配，适当利用自然物品和家里的生活物品自制玩具。可把书当成玩具，把阅读当成家长与宝宝之间的一种游戏。

宝宝什么都往嘴里放，要制止吗？

典型情景

莹莹，8个月，是个可爱的小女孩，大眼睛扑闪扑闪的，很招人喜欢。但妈妈发现，随着月龄增大，莹莹先是吃手，然后只要是够得着的东西，都抓起来往嘴里放。现在莹莹能到处爬了，往嘴里放东西的欲望也更强了，随便捡起地上的石子、纸片都往嘴里送。妈妈很担心，什么都吃，吃坏了怎么办呀？

对照判断

看一看，您家的小宝宝在成长过程中，出现过以下行为吗？

表现	判断
❶ 大概在 3 个月的时候，开始喜欢吸吮手指。	□
❷ 5 ~ 6 个月时，不管东西能不能吃、干不干净，抓到什么都往嘴里放。	□
❸ 会爬后到处捡东西"吃"，一不留神就把脏东西放到嘴里了。	□
❹ 只能用安抚奶嘴让他吮吸，否则抓到什么都往嘴里送。	□
❺ 非常陶醉且享受地吸吮他拿到的任何东西。	□

如果您勾选了以上选项，说明宝宝有比较强的探索欲，这是好现象。

想一想，在宝宝吃手或什么东西都往嘴里放时，您是怎么做的？

表现	判断
❶ 看到宝宝往嘴里放东西就严厉教育，告诉他“不行，这不能吃”。	☐
❷ 听别人说往嘴里放东西是探索行为，随便宝宝怎么“吃”都不干涉。	☐
❸ 为宝宝准备消毒干净的小物件，专门供他拿来啃咬。	☐
❹ 根据宝宝往嘴里放的东西来区别处理，如果是脏东西，赶紧取出来。如果是安全的，让他咬一会儿并告诉他物品的名称等。	☐
❺ 把宝宝的手洗干净，鼓励他自己抓食物吃。	☐

如果您勾选了前两项，说明您不了解宝宝“吃”东西的意义；如果您勾选了后三项，说明您做得非常好。

关键知识

出生 2 个月左右，宝宝的神经系统开始发育，其中口周神经比手部神经发育更早，宝宝开始用嘴来感知和探索世界，心理学上称之为“口欲期”。大约 3 个月后，宝宝开始吃手，这个看似简单的动作包含了手眼协调、手指分化等能力的发展，对宝宝来说是一次飞跃。之后随着月龄发展，宝宝与周围世界“交往”的欲望越来越强，会把所有能触摸或拿到的东西往嘴里放，以获得口腔满足感。1 岁后，随着其他部分神经系统发育，宝宝的注意力慢慢从嘴开始转移，通常在 1 岁半左右，正常度过口欲期。

所以，口欲期是宝宝探索世界的独特方法，家长不要随意阻拦制止宝宝吃手或往嘴里放东西，要创造条件，在安全和卫生的前提下鼓励宝宝探索。

建议方法

宝宝拿到东西就往嘴里放是口欲期探索世界的表现，家长要巧妙地帮助宝宝度过这个时期。

正视、重视并包容口欲期

口欲期是宝宝生长发育的第一个重要阶段，此时的宝宝处在完全不自立的状态，口是他认知和感受世界并与外界交流的重要渠道。对于刚出生的宝宝而言，这世界多神奇啊，他们观察、尝试、比较，东摸摸、西摸摸，什么都往嘴里塞，在探索中自得其乐，每一次“亲口尝试”，都让他们快乐并有所得。在这个过程中，宝宝的自信心和能力得到加强，实现更好的发展。所以，家长不要简单呵斥、干涉或阻止宝宝用嘴巴探索世界的过程，要理解、正视、重视并包容宝宝在口欲期的行为。

提供安全、卫生的玩具和环境

尽管口欲期的探索是积极行为，但宝宝不能判断往嘴里放的东西是否有伤害，家长要做好安全和卫生工作，包括勤洗宝宝的小手，勤扫宝宝的活动区域，宝宝喜欢咬的玩具、围兜、积木等定期消毒（请用专用消毒剂）。还要注意危险、易卡喉咙或易被宝宝误食的东西，如别针、硬币、果冻等，要收放到宝宝拿不到的地方。

当然，可以观察宝宝的喜好，有意准备几件材质安全、可以啃咬的玩具，如牙胶、安抚奶嘴，给宝宝创造充分的啃咬机会。其中，安抚奶嘴是满足宝宝“口欲”的常用工具，家长要注意选用大小合适、无毒无害的奶嘴。2 ～ 6 个月的宝宝使用安抚奶嘴能帮助安抚情绪，建立安全感，还能避免过度喂养，但每次使用不要超过 20 分钟。宝宝 6 个月后要逐步戒掉，1 岁内完全戒掉，最晚不能超过 2 岁。

区别对待不同物品，顺势开展“教育”

宝宝生活在一个真实的世界里，很多时候无法防止他去啃咬顺手捡到的东西，所以家长要区别物品来对待。如果宝宝放进嘴里的是一个脏脏的小石子，要赶紧帮助他取出来，并告诉他“这是石子，很硬，外面有灰，吃了会生病，不可以吃”；如果宝宝放进嘴里的是玩具、书、围巾或餐具，就轻轻地告诉他“这是硬的，是塑料做的；这是书，是纸做的；这是软的，是妈妈的围巾；这是吃饭用的小勺子，很硬，宝宝咬一下就好了哦……”，让宝宝“品尝”后自觉放下，如果他坚持啃咬，在没有危险的情况下，不要轻易阻挠，可以多讲讲物品的特征，顺势开展“教育”。

多拥抱和关爱宝宝，让宝宝有更多安全感

除探索世界外，“吃手”“啃咬”还有可能是宝宝情绪的表达。当宝宝感到无聊、不安、寂寞或是紧张时，会通过吃手或啃咬来缓解自己的情绪。这时家长要观察宝宝，仔细判断，发现宝宝紧张、不安时，多拥抱，多关爱，给予宝宝更多的照顾，舒缓他的情绪，减少焦虑和紧张，这样宝宝会自觉减少吃手或啃咬行为。

重点回顾

1 岁前的宝宝处在口欲期，喜欢用嘴巴来探索、学习和理解周围的世界，会出现拿到什么都往嘴里放的行为，这是宝宝满足口欲期探索欲望和释放情绪的一种方式。家长要正视、理解并尊重宝宝的行为，并创造安全、卫生的探索环境和物品让宝宝探索，并顺势开展“教育”，不要轻易阻止、斥责或严加管教，否则容易给宝宝留下阴影，影响宝宝的正常发展。

亲子沟通与有效互动

宝宝不会说话，怎么与他交流？牙牙学语的宝宝有了自己的主见，陪他玩耍也有学问？宝宝要断奶了，有没有办法让他的情绪不那么激烈？宝宝见啥扔啥，还反复扔，家长该怎么办呢？是否在家里的交往与宝宝的交往能力有很大关系？下面这些话题，将为您带来很好的答案。

宝宝不会说话，怎么与他交流？

典型情景

月月，2个多月，晚上闹腾，不好好睡觉，一直让抱着，妈妈冲她吼了两句，月月嘴一撇就哭了。妈妈赶紧安抚，并试着跟月月讲“道理”，月月似乎听懂了，慢慢安静下来，不再闹腾，躺在小床上一会儿就睡着了。小月龄宝宝不会说话，家长应该如何与他交流呢？

对照判断

想一想，在小宝宝会说话前，您是怎么跟他交流沟通的？

表现	判断
❶ 宝宝什么也不懂，除逗着玩儿外，不跟他交流。	□
❷ 抱着就是最好的交流，一有空就抱着孩子。	□
❸ 宝宝是跟着大人学说话的，每天尽量多跟他说话。	□
❹ 完全摸清了宝宝的个性和各种信号，不需要有其他交流。	□
❺ 学宝宝的表情、动作和咿咿呀呀的宝宝语，用跟他一样的话语体系跟他交流。	□
❻ 在了解宝宝发出信号的同时，让他逐步理解大人的语言和动作，学会交流。	□

如果您勾选了除最后一项之外的其他选项，说明您还不了解如何跟不会说话的宝宝交流，希望下面的招数能帮到您。

关键知识

孩子一出生就有跟他人沟通的意愿，他们虽然不能准确理解大人说话的意思，但能通过声音和表情明白大人的情绪，如高兴、伤心、生气等，“察言观色”的能力相当强。他们从大人说话的语调、口型、呼吸频率、皮肤接触以及眼神等，了解大人的感受和想法从而做出回应。而且宝宝听觉发展最早，4 个月时就知道有人在喊自己，8 个月后能听懂一些简单的话，如“不行”“别碰”等。

宝宝在不会说话时，家长可以通过语调、表情、动作、眼神等跟他交流，让他逐步理解大人的交流方式。

建议方法

对不会说话的宝宝，家长可以尝试以下方式进行交流。

理解宝宝的交流方式

新生宝宝是发动全身力量与外界交流的，他的方式有以下几种。

❶ 眼睛注视。新生宝宝是有视力的，他喜欢看妈妈的脸，能感受到妈妈对他的注视。

❷ 耳朵聆听。宝宝生下来就有听力，喜欢听妈妈说话，能辨别声音，并以表情和动作来回应。

❸ 皮肤触摸。触摸能使宝宝开心，还能促进大脑发育。

❹ 表情动作。宝宝是天生的模仿家，能很快学会大人的表情，并以表情来交流，同时身体和四肢动作也是宝宝的交流方式。

❺ 鼻子闻嗅。宝宝的嗅觉很敏感，能嗅出妈妈的味道、奶瓶的味道甚至家里的味道，而且发出喜欢或不喜欢的信号。

❻ 各种啼哭。啼哭是宝宝最主要的交流方式，不同的哭声代表不同的状况和需求。

对小宝宝而言，因为不会说话，他对外交流时通常会几种方式共用，家长要通过摸索，掌握宝宝的“信号”，有的放矢地与宝宝沟通。

多跟宝宝说话，注意语调和表情

在宝宝还看不清周围东西的时候，他靠听觉来感知。家长亲切的声音能让宝宝拥有安全感，宝宝也会做出反应。如：在呼唤宝宝名字时，他会转头寻找声音；在用耳语跟他对话时，他会咯咯笑等。

所以，家长要锻炼自己说话的能力，学会单方面说话，如告诉宝宝他饿了马上给他喂奶，要抱他去洗澡，立即给他换尿布等。说话时尽量简单，提高音调，减慢语速，拖长尾音，最好注视着宝宝，喊他的名字，跟宝宝进行眼神交流，让宝宝感受到大人的交流，逐步学会回应。

给宝宝留“说话”时间，观察宝宝的回应

跟宝宝说话时，要不时停顿，让宝宝有时间集中注意力进行相应的回应，家长根据宝宝发出的咿咿呀呀声、面部表情或身体扭动等回应，确定进一步交流的方式和内容。跟宝宝交流时，切记不能快速、连续不停地说，这样宝宝理解不了，很快就会失去交流耐心，对宝宝脾气性格的养成非常不利。

开启多种交流模式，千方百计多交流

家长要用好和宝宝交流的多种方式，抓住时机多交流。

❶ 音乐交流。在宝宝醒着时，播放缓慢轻柔的摇篮曲、轻快的歌曲或儿歌，让宝宝安静或快乐起来。

❷ 眼神交流。宝宝特别喜欢大人的眼神，可用眼神与宝宝交流喜、怒、

哀、乐等情绪。

❸ 表情交流。利用宝宝能读懂表情的特点，用面部表情来表达对他的喜爱和生气，“告诉”他什么该做，什么不该做。

❹ 肢体交流。可经常摸摸宝宝的小脑袋，捏捏小鼻子，亲亲小脸蛋，抱一抱等，通过肢体接触表达对他的爱。

❺ 玩具逗引交流。可运用相应的玩具，在与宝宝的互动游戏中引导宝宝学习和提升。

重点回顾

宝宝一出生就为交流做好了准备，他可以通过视觉、听觉、触觉、嗅觉、表情、动作、啼哭等与外界交流。家长要理解宝宝的交流欲望和方式，用宝宝喜欢且能理解的方式，多跟宝宝说话，观察并引导宝宝回应。还要开启音乐、眼神、表情、玩具等多种交流方式，跟宝宝充分且有效地互动，促进宝宝语言、智能等快速发展。

如何陪伴牙牙学语的宝宝玩耍？

典型情景

8个月的航航坐在地板上，旁边放着木质拼板和塑料套杯玩具。航航抓住木质拼板盒子往地上扔，“哗啦”一声，拼板散落在地上，航航笑了。然后，他拿起塑料套杯，咿咿呀呀地爬到妈妈旁边，把套杯放在地上后，把最小的杯子拿出来，用杯子敲击地板，边敲边歪着头听地板发出的声音，然后拿出第二个杯子，再次敲击，并把它放在小杯子旁边……妈妈看到了，赶紧说：“航航，这是套杯，不是用来敲的，妈妈教你怎么玩。”航航迟疑了几秒，示意要妈妈抱，怎么都不肯自己玩了，妈妈做得对吗？

对照判断

宝宝玩玩具的时候，您有过以下行为吗？

表现	判断
❶每次买了新玩具，都怕宝宝不会玩，多次示范教他。	□
❷在宝宝独自玩耍时，一会儿送牛奶、一会儿送水果，怕宝宝渴着、饿着。	□
❸发现宝宝玩玩具的方法不对，赶紧制止纠正。	□
❹哄宝宝自己玩后，开始看手机、打电话等，干自己的事。	□
❺当宝宝成功拼图、搭积木向您“炫耀”时，轻描淡写地回应。	□
❻宝宝玩球过程中球滚到小椅子下面了，马上帮宝宝捡回来。	□

如果您勾选了以上选项，说明您尚不理解如何陪宝宝玩耍，请耐心阅读下面的知识。

关键知识

宝宝玩耍不是消磨时间，而是探索世界、自我学习和成长的一个微妙过程。玩耍可以提高宝宝的体能、智能、社交等综合能力，促进自信心、自理能力、专注力等良好品质的发展，还可以锻炼宝宝的情感、情绪和意志品质等，是促进宝宝全面发展最好的途径。

家长陪伴宝宝玩耍，不是简单陪在旁边，不能随意打断宝宝，也不要让他按某种方式玩，而是要积极关注，在他反复努力达不成某一动作、找不到玩具、拿不动玩具或他要求支持等必要场合下，予以支持、帮助和互动，创造宝宝乐在其中的环境和条件。

建议方法

牙牙学语的宝宝已经有了一定的理解力和活动能力，陪伴宝宝玩耍是一门学问，您需要扮演好以下几个角色。

积极的陪伴者

您不必教宝宝如何玩耍，也不必一直做他的玩伴。当宝宝在安全区域玩耍时，您坐在宝宝旁边，可以安静地享受陪伴他的快乐，让他感受到您的关注、情感支持及平静心态，不要因为喝水、吃点心等而打断他，也不要边做自己的事边陪伴。当然，如果确有紧急情况需要打断他，您要像对待大人一样向他说“对不起”，并跟他说明情况。如果发现宝宝玩耍的过程中需要您的参与，要及时作出回应并积极参与，让宝宝感受到您对他的尊重，增强宝宝的专注力和玩耍兴趣。

细心的观察者

认真观察宝宝玩耍的过程，家长会得到意想不到的收获。然而，对大多数家长来说，静下心来观察宝宝，看似简单却可能是一个巨大的挑战。家长经常不自觉地把头伸向宝宝，但是思绪乱飞，注意力完全不在宝宝身上。这时，家长可逐步训练自己，先从 5 分钟开始，在 5 分钟内安静地全身心投入观察宝宝。可先观察宝宝的动作，如看宝宝是如何抓玩具的，用左手还是右手抓，满把抓还是用食指和拇指抓，是把玩具放到了嘴里还是敲击其他东西，然后观察他的表情、状态等。随着观察时间增长，家长会发现宝宝在不断进步，就会越来越喜欢观察。

平等的参与者

亲子游戏是陪宝宝玩耍的最好方式。牙牙学语的宝宝已经有了较强的自主性，在陪宝宝玩亲子游戏的过程中，家长一定要明白自己只是平等的参与者，不要以家长的身份对宝宝指手画脚，也不要因为想鼓励宝宝而假装弱势败阵。家长可以让宝宝主动，跟着宝宝“剧本”的引领做出行动，不对他的“剧本”做出假定，更不能否定，最好的定位是做一个平等的配角，让宝宝在玩耍中充分自由地表达自我。

有心的引导者

根据宝宝在玩耍中的表现和反应，家长可调整游戏的玩法和难度，增加新的游戏内容或玩具，提高游戏质量。当宝宝遇到问题时，不要立即指出或直接解决，而要用引导性的语言和动作，引导宝宝尝试自己解决。例如，当牙牙学语的宝宝尝试给布娃娃脱衣服却怎么也解不开按扣时，家长不要立马帮着解开，而是告诉他：“按扣很难解开，来，妈妈和你一起解。”边说边按住宝宝小手，把按扣解开。这时，宝宝感受到手上力量的神奇魔力，可能会引发反复练习的兴趣，就启动了宝宝学习的开关。这时不要说“我知道你能做到”或“你不需要帮助”这样的话，这会增加宝宝的挫败感，让他失去玩耍的兴趣。玩耍结束时，要引导宝宝收纳好玩具，培养宝宝的秩序感和良好习惯。

真诚的支持者

在给宝宝提供各种材料和空间，以各种形式陪伴宝宝玩耍时，要把看到的“作为”和感受真诚地反馈给他，如“你把套杯整齐地摆好了，好开心”，这种真诚的认可和分享是最好的支持，能激发宝宝更多、更深入的探索行为。除此之外，真诚的支持者还体现在发现宝宝抓拍、戳打其他小朋友时，理解他这种“打斗行为”是探索而不是好斗或不友好，给宝宝讲解正确方法而不是简单责怪、打骂或制止，让宝宝逐步理解并学会正确的交往方式。

重点回顾

陪宝宝玩耍是家长必修的一门重要功课，优秀的陪伴者能通过引导把玩耍变成宝宝最好的学习过程。家长要了解宝宝的特点，做宝宝积极的陪伴者、细心的观察者、平等的参与者、有心的引导者和真诚的支持者，认识到宝宝是玩耍的主体，玩耍是宝宝的“工作”，给宝宝创造独自玩耍的机会，尊重他的主观能动性，激发他的积极性和探索欲，让宝宝在玩中有学习，玩中有成长。

如何抚慰宝宝因断奶引发的情绪？

典型情景

优优，10个月，妈妈要上班，不得不给优优断奶了。但是，断奶后优优像变了个人似的，抗拒奶瓶，一喂就哭，饿极了才吃一点点，整天哼哼唧唧的，稍微惹一下就大哭不止，像受了巨大委屈似的，全家都心疼极了。怎么才能安抚优优因断奶引发的情绪呢？

对照判断

想一想，您家宝宝断奶时，有没有以下情绪和反应？

表现	判断
❶断奶时不好好吃，也不好好睡，真怕他得“抑郁症”呢。	□
❷断奶时情绪烦躁，非常抗拒奶瓶，特别容易哇哇大哭。	□
❸断奶时无精打采，饿极了才吃一点，好多天蔫蔫的，喜欢让大人抱着，心疼死了。	□
❹断奶时玩一会儿，自发哭一会儿，好像引发了内心特别伤心的地方。	□
❺断奶时很快接受了奶瓶，但情绪大变，不愿意跟大人玩。	□

如果您的宝宝断奶时有上述反应，说明引发了他断奶时的情绪，需要给予他细心的关怀和照顾。

关键知识

母乳喂养的宝宝，断奶后哭闹不止、情绪大变是比较正常的。经过几个月亲密相处，宝宝和妈妈已经形成了高度依恋关系，断奶可以说是宝宝与妈妈的第一次“断舍离”，意味着母子最熟悉的相处模式结束，宝宝不再能吃到最可口的食物，也不再能近距离听到和感受到妈妈的心跳，会失去安全感，更会因无助而伤心、难过。这个时间段大多数宝宝的神经系统发育还不完善，性情反应不稳定，很容易发脾气和哭闹不止。家长要理解这种“断舍离”带给宝宝的影响，合理选择断奶时间，给宝宝更多的关注和安抚，共同度过这个艰难时刻。

建议方法

如果您需要给宝宝断奶，又想尽量减少他的不良情绪，请关注以下方法。

判断最佳断奶期，踩好时间点

一般来讲，母乳能满足 6 个月内宝宝的营养需要。6 个月后，要逐步增加辅食。1 岁以后，纯母乳已经不能满足宝宝的营养需要了。从生理需要来说，6 个月以后都可以断奶，但从宝宝成熟度看，10 ～ 12 个月断奶更好。妈妈要根据自己、宝宝和家庭情况综合评估，在宝宝和妈妈都准备好后，再考虑断奶。

对宝宝来说，满足以下三个条件，可先戒除夜奶：

❶ 已添加辅食至少 2 个月；

❷ 身高、体重近 3 个月内没明显下降；

❸ 未患任何疾病，如感冒、消化不良等。

如果宝宝近期正在经历下列特殊情况，不建议断乳：

❶ 妈妈重返职场不到 3 个月；

❷ 发生搬家、家长离异、熟悉的照料人离开等重大变化；

❸ 宝宝生病或身高、体重近 3 个月内掉落等。

做好断奶铺垫准备，关注“心理断奶”

断奶不光是一种喂养模式，更是一种依恋模式，断奶期宝宝一般都会不适应。为减少断奶对宝宝的身心影响，家长要提前准备，做好铺垫。

❶ 及时添加辅食，逐渐减少哺乳次数；

❷ 喝奶时告诉宝宝，他长大了，可以减少喝奶次数或不用喝奶了；

❸ 运用延迟响应法，准备断奶前两周到一个月内，在宝宝要喝奶时，故意延迟一定时间或喂辅食，直至和下顿奶合并，合并后再相应延迟，以此类推；

❹ 让宝宝模仿喝母乳的姿势抱着吃奶瓶，宝宝吃奶瓶时表扬他：“宝宝真能干，可以喝牛奶了。”

如果这些准备做得充分，宝宝会慢慢接受妈妈虽然改变了喂养他的方式，但依然是爱他的，对奶瓶的抗拒会比较小，适应起来也比较快。

断奶不断“妈”，加强情感关怀

断奶后，妈妈要加强对宝宝的抚摸、轻拍、说话、对视等，更加充分地拥抱和关心宝宝，维持和加强母乳喂养时与宝宝交流的方式，用新的母子联结代替原来的哺乳接触，建立新的信任关系和亲密关系。妈妈要通过自己的言行让宝宝明白，妈妈永远爱他，但宝宝长大了，需要享用更多好吃的东西，更丰富地了解这个世界，用更多的方式跟妈妈和其他人建立情感交流。

哭闹不止时因情施策，减少负面情绪持续时间

断奶时宝宝因依赖母乳而大哭不止，妈妈要学会一些安抚方法。

❶ 饮食调理法。掌握宝宝的饮食喜好和规律，断奶后调整好饮食结构，以确保通过奶粉、鸡蛋、米面、肉汤等获得充足的营养。可以通过好玩的餐具、增加食物花样、丰富食物种类等方式，刺激宝宝的食欲。

❷ 注意力转移法。宝宝的注意力非常短暂，在宝宝哭闹抗议时，带他去外面玩一玩，洗个热水澡，玩他喜欢的游戏，给他讲个故事，或者给他吃喜欢的水果等，转移宝宝的注意力，让他通过关注新鲜事物，情绪得到安抚，慢慢就不哭闹了。

❸ 亲子沟通法。在宝宝大哭过情绪稍微稳定后，用温柔而坚定的语气，跟他讲清楚不继续吃母乳的原因。不要觉得孩子听不懂这些道理，他有先天的认知和理解能力，能识别出语气里所包含的情绪，只要家人足够真诚和耐心，孩子会慢慢理解的。

❹ 环境调整法。当宝宝因断奶而伤心时，可以抱着他换一个房间或地方，让宝宝对新环境产生好奇，忘记刚才的“烦恼”，或者暂时由其他信赖的照料者替代性看护宝宝，适当间隔宝宝看到妈妈的时间，让宝宝暂时“忘记”妈妈而减少哭闹。

谨防不当断奶引发后遗症

对喝母乳的宝宝来说，断奶不单单是喂养方式的转变，更是情感的割舍，要谨防以下不当行为。

❶ 全家统一战线，硬生生将妈妈和宝宝分开一段时间，任由宝宝大哭，自己适应。

❷ 在乳头上涂辣椒、红药水、黄连水等，让孩子吃点“苦头”，望奶生畏。

❸ 妈妈突然以一种冷漠、拒绝或嫌弃的态度面对宝宝，不再与宝宝有之前的亲密行为。

这些方法会让宝宝失去对妈妈的信任和安全感，留下心理阴影，影响未来的心理健康和人际发展。

重点回顾

对喝母乳的宝宝来说，断奶是必须经历的一次“割舍”过程。家长要明白，断奶不仅断的是宝宝的食物来源，更是情感沟通方式。决定断奶时要找准时机，帮宝宝和自己做好生理和心理建设，学会一些哄哭办法，做到断奶不断“妈”，尽量延续之前与宝宝除喂奶之外的其他交流方式，不粗暴“隔离”，不强迫断奶，让宝宝相信妈妈是爱他的，延续之前的安全感，顺利度过这个转换期。

宝宝不停地扔东西怎么办？

典型情景

“咣当”，妈妈还没来得及直起身，小汤勺又被土豆扔了出去。土豆刚满10个月，能扶着沙发、桌沿等四处走动了，却爱上了反复扔东西，每次把东西扔到地上，都会拉着妈妈的手，发出“嗯嗯”的声音，示意妈妈帮他把东西捡起来。妈妈捡起来之后，他又迅速扔到地上，反反复复，乐在其中。妈妈不胜其烦且大惑不解，土豆这是怎么了？

对照判断

您家宝宝6个月后，有以下扔东西的行为吗？

表现	判断
❶ 放在宝宝身边的物品，稍不注意就被全部扔了出去。	□
❷ 喜欢听自己扔东西发出的“砰、当、咣”等各种声响，反复扔不同物品来听。	□
❸ 拿起东西扔了，一定要大人捡，刚捡起来他又扔了，反复很多次。	□
❹ 不仅自己扔，还要大人一起扔，看着扔出的“杰作”开心地笑。	□
❺ 独自玩了一会儿后，突然把玩具一个个扔向大人。	□
❻ 脾气越来越大，一言不合就扔东西，玩具、食物……拿到什么扔什么。	□

不知道您勾选了哪些选项，前 4 项和后 2 项行为背后，代表宝宝完全不同的心理呢！

关键知识

宝宝 4 ～ 5 个月开始扔东西，6 个月后反复扔东西，这是发育良好的信号。随着运动神经发育，宝宝控制身体的能力越来越强，手的抓握、投掷能力也在发展，6 个月左右在能控制自己的手指后，喜欢反复不断地扔东西来确认自我能力的发展。同时，这个时期的宝宝进入空间发展敏感期，扔东西也是对空间的一种探索。宝宝通过扔东西来促进大脑、骨骼、肌肉、手眼以及认知能力的发展，这个喜好会持续到 3 岁，家长可以引导宝宝正确扔东西，但不要轻易阻止。

建议方法

有什么办法让宝宝在有限的范围内扔东西，避免造成伤害或破坏呢？

理解行为背后的真相，端正心态轻松对待

宝宝扔东西不是破坏行为，而是自身发展的一种行为表现。为什么会有这些表现？

❶ 为了发现自我能力。6 个月前的宝宝处在全能自恋期，最初没有物我分离的概念，6 个月后发现他与妈妈是分离的，通过扔东西来进行“物”“我”分离的确认。

❷ 为了探索周围世界。当宝宝扔东西时，他发现这个东西在他手里消失了，在不远的地上出现了，有时还会发出“咚”的声音，非常有趣，他通过一遍遍地做实验来了解这个变化并探索因果关系。

❸ 为了引起大人注意。1 岁前宝宝语言能力有限，扔东西成为他们吸引家长注意的一种方式。

❹ 表达自我情绪。开心时表达“我真高兴”，生气了表达“我很气愤”。

家长要理性看待宝宝扔东西的行为，认识到这是符合他年龄特点的一种学习和表达方式，保护宝宝的这种热情。

创造“乱扔”条件，满足成长需要

家长不仅不要制止，还应适当创造条件让宝宝扔。

❶ 开辟安全空间，准备各类可以扔的物品，如塑料碗、皮球、沙包、牛奶盒等，让宝宝扔个够。

❷ 尝试制造声音，如果宝宝对扔东西产生的声音有兴趣，可以让他在硬地上扔不怕摔的小乐器、小积木等，满足他听声音的需要。

❸ 把“扔”变成游戏，如果宝宝反复扔并要大人捡，可以给宝宝讲讲扔的行为，比赛谁扔得远，把“扔”变成有趣的亲子游戏。

❹ 教会宝宝自己捡东西，如果不能花很多时间为宝宝捡，可以教他自己爬过去或走过去，把扔出去的东西捡起来。

❺ 有目的地训练“扔”，给宝宝制定“扔”的目标，如鼓励宝宝把积木扔进积木桶里，把皮球扔到筐里等，锻炼他的手眼协调和力度掌控能力。

识别和清理危险物品，建立乱扔规则界限

随着宝宝长大，家长很难随时监控到宝宝，为防止宝宝扔东西发生意外，要在可以扔东西的区域内，把贵重、易碎和易伤宝宝的物品都清理出去，剩余的东西让宝宝随便扔。如果宝宝扔了不该扔的东西，如吃饭时扔食物，家长不要严厉责备，可以讲明原因并以结束吃饭来作出警告。如果扔东西影响到他人休息，也要提出正面批评，调整宝宝扔的地点、行为。家长还可以用围栏或地垫设置扔东西的范围标志，将选择好的玩具放在里面让宝宝

扔，讲清楚其他地方不能扔，让宝宝理解“界限”的含义。如果扔东西是为了获取关注或发泄情绪，也要明确地告知宝宝怎么做才合适。总之，宝宝扔东西时要确保绝对安全，并借此培养必要的规则和界限。

给予更多关心陪伴，帮助宝宝学会情绪表达

如果宝宝扔东西是为了寻求关注和表达情绪，家长应给予更多的关心和陪伴。当宝宝因生气、发脾气而扔东西时，家长要注意这时不适合讲道理，也不建议强制性要求宝宝把东西捡回来，因为他在自己的情绪里，一般不会听，反倒会脾气更大。这时比较好的做法是把宝宝抱开，理解和接纳他的情绪，帮他平复后再进行沟通，并告知恰当的情绪表达方法，让宝宝慢慢学会理解和处理情绪。

重点回顾

扔东西是宝宝能力发展和空间敏感期的体现，宝宝通过扔东西来满足探索、协调、感知等多种能力发展的需要。家长要认清扔东西背后的真相，对因好奇心和探索欲引发的扔东西，要积极创造条件进行满足，在扔东西过程中培养宝宝的认知、探索、发现等各种能力，并有意培养宝宝的“规则”和“界限”意识。但是，如果宝宝扔东西是为引发关注或释放情绪，家长要加以识别，予以相应的关心、陪伴和疏导，防范这种行为。

为什么要给宝宝做婴儿抚触操？

典型情景

柔柔，5个月，主要是姥姥带。姥姥认为小孩不能抱，惯坏以后很难带，爸妈只能“忍痛割爱”，看到柔柔哭也尽量不抱……日复一日，妈妈发现柔柔经常烦躁不安、晚上易醒、爱哭，还特别黏人。医生说柔柔发育指标基本正常，是大人给柔柔的肢体接触太少了，要抓紧时间给柔柔做抚触操。什么是抚触操，怎么做才好呢？

对照判断

在宝宝生长发育过程中，您有过以下认识和行为吗？

表现	判断
❶ 知道宝宝触觉最先发展，经常跟他皮肤接触，让他满足。	□
❷ 儿科医生介绍了婴儿抚触操，坚持做一段时间后发现宝宝睡眠好，不爱哭，很健康。	□
❸ 专门学习了婴儿抚触操，带孩子到专业机构跟其他宝宝一起做，有趣且有效。	□
❹ 听说过婴儿抚触操，认为是专家搞出来的把戏，不是很重视。	□
❺ 给孩子做过几天抚触操，太麻烦了，也没看到什么效果。	□
❻ 认为坚决不惯孩子，只要吃饱了，不抱不哄，让他自己哭到睡着。	□

如果您选择了后3项，说明您还不了解宝宝感知觉发展的特点，需要进一步学习。

关键知识

触觉是宝宝刚出生时最高级的能力之一，抚触是发展宝宝触觉的有效方式，也是一种科学的育婴方法。抚触是指成人用双手对宝宝皮肤进行温和、良好的刺激，让宝宝皮肤的感受传到中枢神经系统，刺激宝宝感觉器官发育，增强宝宝对外在环境认知的过程。

从出生开始给宝宝系统做抚触操，有利于增强宝宝免疫力，促进食物消化和吸收，减少哭闹，增加睡眠，还能增强宝宝和家长的交流，帮助宝宝获得安全感和对家长的信任感。

心理学研究发现，婴幼儿期有过抚触经历的人，在成长中较少出现攻击性行为，性格更温和，乐于助人，更合群。抚触有成熟的手法和操作要求，即婴儿抚触操，家长可以学习来用。

建议方法

抚触操对宝宝成长发育好处多多，做抚触操需要长期坚持。

了解抚触的好处，做足思想准备

皮肤是人体接受外界刺激的最大感觉器官，通过触摸肌肤，能刺激宝宝神经系统发育，促进宝宝健康成长，主要体现在以下几方面：

❶ 促进血液循环，增强新陈代谢；

❷ 促进胃肠道蠕动，增进食欲，促进睡眠，提高免疫力；

❸ 增加母子接触和交流，增进感情，安抚情绪，增进安全感；

❹ 促进中枢神经系统发育，提高智力发展。

但是，偶尔几次抚触没有作用，长期坚持才有显著效果，家长要做足思想准备，妥善安排时间，建立生活规律，形成抚触习惯。

关注抚触要领，做好操前准备

给新生儿做抚触越早越好，出生后两三天就可以开始，抚触前要做好以下准备：

❶ 选择安静、清洁的房间，室温保持25℃左右，放一些轻柔的音乐；

❷ 抚触者指甲修剪齐整，清洗双手，摘掉首饰；

❸ 备好浴巾、替换衣物和纸尿裤，并放在容易拿到的地方；

❹ 选择柔软、舒适的台子或床，做完抚触后让宝宝舒适睡眠；

❺ 备好抚触油，倒于掌心后揉搓双手，使双手保持温暖。

抚触时间选择两次吃奶之间或沐浴后，每次15分钟，每天可以做2次，稍大一点可增加到20分钟。要相对固定抚触时间，注意以宝宝不疼不痒、全身基本得到抚触为准，宝宝啼哭、睡觉、皮肤破溃、身体不适时不宜操作。宝宝抚触可以持续到1岁。

掌握抚触手法，循序渐进操作

宝宝抚触有成套的操作手法，一般遵循从上到下、从前到后、从轻柔到适度用力的原则。

❶ 顺序步骤，按照脸部→胸部→手臂→腹部→腿部→背部进行。

❷ 节奏节拍，每个动作3～5次。

脸部：从婴儿前额中心处开始，用双手拇指轻轻往外推压，依次是眉头、眼窝、人中、下巴。

胸部：双手放在宝宝的两侧肋缘，先是右手向上滑向宝宝右肩，复原；换左手，方法同前。

手臂：双手先捏住宝宝的一只胳膊，从上臂到手腕轻轻挤捏，再按摩小手掌和每个小手指。换手，方法同前。

腹部：在宝宝腹部以顺时针方向按摩，注意动作在下腹结束（右下方），在脐痂脱落前不要进行这个动作。

腿部：从大腿开始轻轻挤捏至膝、小腿，然后按摩脚踝、小脚及脚趾。

背部：让宝宝趴在床上（注意确保宝宝可以呼吸顺畅），双手轮流从宝宝头部开始沿颈顺着脊柱向下按摩，再用双手指尖轻轻从脊柱向两侧按摩，最后顺着头顶轻轻按摩到屁股。

❸ 循序渐进，一开始不可操之过急，时间先从 5 分钟开始，然后延长至 15 ~ 20 分钟，随着婴儿的成长慢慢延长时间，增加抚触动作。

应对常见问题，做到持之以恒

给婴儿抚触是一个需要长期坚持的过程，过程中会遇到各种问题，家长要注意正确应对。

❶ 抚触时哭闹。可能是宝宝不适应或妈妈力度过大，导致宝宝在抚触时哭闹，这时要安抚宝宝，等他心情好时再做。

❷ 食入抚触油。抚触时因宝宝吮吸手指等，食入少量抚触油，这是无害的，但要避免大量食入。

❸ 抚触操的顺序和完整性。抚触的核心是让宝宝舒适，要让宝宝慢慢适应，不要强迫他保持固定姿势，可以节选一些动作进行抚触，也可以打乱抚触操的顺序。如果宝宝情绪反应激烈，可暂停抚触。

❹ 抚触时长。由于宝宝注意力集中时间有限，抚触时间过长会引起他的厌倦，一般不要超过 20 分钟。

❺ 生病时的抚触。有湿疹时不要做抚触，要及时治疗。患感冒等小病时，可以选择适宜的部位抚触，不强求一次做全套操，病情严重时要暂停。

❻ 抚触是一种传递爱的过程，最好家长自己操作，不要交给他人。

重点回顾

抚触对宝宝触觉的发展以及建立良好的亲子关系有很好的促进作用。家长要关心、了解抚触的价值和手法，做好思想准备，从新生儿开始，循序渐进，有规律地给宝宝做抚触。每次抚触前，要做好操前准备，观察宝宝的情况，根据宝宝需要调整抚触的部位和重点。为确保抚触持之以恒，家长还要了解抚触过程中的常见问题，做到及时应对。

促进孩子学习与交往

促进 0 ~ 1 岁的宝宝学习与交往，最需要做哪些事情？如何给宝宝听音乐和认识各种颜色，有必要对这么小的宝宝进行早期教育吗？接下来的内容将为您解答以上问题。

如何培养小宝宝的交往能力？

典型情景

公园里，终于让9个月的洋洋融入了几个孩子玩耍的群体，妈妈坐在旁边想歇息一会儿。还不到10分钟，洋洋就跌跌撞撞地爬了过来，边爬边哭喊“妈妈，妈妈”，妈妈以为洋洋小便了或被别的宝宝打了，赶紧跑过去看，结果一切安好。洋洋不愿意跟其他小朋友玩，他要妈妈抱，并要妈妈跟他一起玩，怎么才能让洋洋融入宝宝们的群体呢？

对照判断

您家宝宝在成长过程中，有过以下表现吗？

表现	判断
❶ 时刻缠着一个大人陪他说话、玩耍等，否则就哭。	□
❷ 看到别的小朋友一起玩耍，好奇地想凑过去但又害怕。	□
❸ 稍微长一点时间无人理睬，就会大哭着到处寻找大人。	□
❹ 把玩具一次次扔到地上，指认大人来捡。	□
❺ 喜欢和妈妈玩“躲猫猫”游戏，妈妈从遮挡物后露出脸时，高兴地笑，手舞足蹈。	□
❻ 看到一起玩的熟悉的孩子，手舞足蹈，咿呀喊叫。	□

以上这些行为，都是宝宝寻求交往的信号，家长要学会识别并让宝宝得到满足。

关键知识

宝宝天生有交往需求，这对他的发展至关重要。新生儿感受到父母和家庭的爱，就开始融入人际关系里，他首要的交往对象是父母和家庭成员，从表情、动作的交流到对话、礼仪等复杂交往行为，随着月龄和年龄不断发展，逐步形成人际交往能力。

0 ～ 2 个月，宝宝主要通过啼哭和微笑来交流，他会花大部分时间观察周围的人并聆听他们讲话，逐渐表达出悲伤、激动、喜悦等情绪；3 个月时，会通过微笑“对话”并模仿大人的动作；4 个月后，开始喜欢其他小朋友；6 ～ 7 个月，开始怕生，见到生人就躲到妈妈怀中；7 ～ 9 个月，能用摇头、摆手等动作来表达自己的意见；10 个月左右，开始主动亲近小朋友，用叫喊、吹泡泡等吸引他人注意。

家长一方面要通过照护、互动与宝宝建立良好依恋关系，奠定宝宝良好交往的心理基础；另一方面要根据宝宝的月龄特征，让他接触适当的环境和人。9 个月后多跟其他宝宝一起玩耍，加强交往训练，培养宝宝对外部世界的兴趣和与他人交往的能力。

建议方法

怎么帮助宝宝从小学会交往，希望以下方法能帮到您。

建立积极亲子关系，奠定良好情感基础

著名的“恒河猴实验”对培养宝宝交往能力启发颇大。心理学家把刚出生的小猴放在能满足一切生理需求的环境中，不让它们与其他猴子特别是母猴交往，一年后再把它们放入正常猴群中，这些猴子痴呆、冷酷、恐惧、畏缩，不敢与其他猴子交往。对孤儿院的研究也发现类似情况。因此，建立良

好亲子关系，让宝宝多接触家人，满足他爱和被爱的情感需要，是宝宝良好交往的情感和能力基础。

观察交往里程碑，提供适宜的交往支持

婴儿的交往从家人开始，3 个月左右，出现“天真活跃反应”，就是当妈妈的脸出现时，宝宝停止原来的动作，注视妈妈的脸，然后开始微笑、发声，这是宝宝与妈妈交往的信号，妈妈要报之以微笑、搂抱、亲吻、引逗等，强化宝宝的行为。6 个月左右，宝宝开始主动与成人交往，他会用哭等各种信号呼唤成人，家长要予以积极回应。之后，宝宝开始学习动作和语言，交往的欲望也更加强烈，他们喜欢和成人玩，如“躲猫猫”、扔东西等，家长也要予以适当满足。当学会爬行和走路后，宝宝对同龄小朋友产生兴趣，会抓对方的衣服或抢人家的玩具，表达想和对方一起玩游戏的欲望。家长要随着月龄发展，正确解读宝宝发出的交往信号，多回应宝宝的交往需求，教会他简单的交往礼仪，如学习说“谢谢”“再见”等，提供宝宝能理解和回应的交往支持。

通过游戏、读书学习社交，初步理解社交行为

宝宝 6 个月后，家长可有意识地陪宝宝进行模拟社交。如拿出宝宝的玩偶，用生动、简单的语言跟玩偶打招呼，让宝宝跟着说“你好”，让玩偶和宝宝互动游戏，出现摔倒、触碰、揪头发等各种行为时，为宝宝演示如何处理，等等，通过游戏让宝宝学习正确的社交行为。还可以给宝宝阅读社交礼仪小故事和绘本，并在生活中演示锻炼，让宝宝逐步理解社交的行为规范。

丰富交往环境，促进宝宝多与外部交流

6 个月后，家长要多花时间带宝宝到户外玩耍和接触不同的人，如公园、超市、菜市场等，与遇到的各种愿意交流的人攀谈，激发宝宝与人交往

的欲望。特别在宝宝认生后，不能因认生而减少出门机会，要让宝宝先熟悉家周围的环境，然后逐步扩大交往的环境和人，提高与不同环境和人交往的能力。还可以经常邀请亲友或宝宝的玩伴到家中做客，让宝宝近距离接触更多的人，适应与不同的人在一起的感觉。值得注意的是，在亲友要抱宝宝而宝宝抗拒时，不要强迫宝宝，要让他慢慢熟悉，逐步适应。

寻找相对固定的玩伴，在社交圈中体验乐趣

9 个月后，给宝宝创造机会接触周围年龄相仿、能力相当、能玩得来的小朋友，最好有几个相对固定的玩伴，形成宝宝模仿、吸收、学习和输出的社交圈，“真枪实弹”地进行社交。1 岁前的宝宝处于平行游戏阶段，大多数时候会各玩各的，但也会用肢体和咿呀声与对方交流，甚至以戳、拍、打的方式引起对方注意。家长不要强迫宝宝交往，也不要在出现戳打时轻易制止，要在看护安全的情况下，给宝宝最大的交往自由，让他最大化体验交往的乐趣。

重点回顾

社交是宝宝心理健康发展的重要支持，良好的交往能力从宝宝与家长的交往开始。家长特别是父母要注意建立良好亲子关系，培养孩子具有爱和被爱的能力。在宝宝成长过程中，观察他社交能力和需求的变化，跟随宝宝的社交“里程碑”提供相应支持，在宝宝可接受的范围内，丰富交往环境和人，寻找相对固定的玩伴建立社交圈，促进宝宝良好社交能力的发展。

如何利用色彩帮助宝宝更好发展？

典型情景

为迎接米米出生，爸爸妈妈精心布置了她的“小窝”——小床四周挂着色彩缤纷的气球，床头是琳琅满目的小玩具，床围则是五彩缤纷、各种图案的棉布。爸爸妈妈美美地想，这些色彩对刺激米米的视觉发展有帮助，米米一定很喜欢这个丰富多彩的环境。然而，把米米接回家后，爸爸妈妈发现米米不仅对这些色彩没兴趣，有时还会烦躁哭闹，这到底是怎么了？

对照判断

想一想，您有过以下的育儿认知或行为吗？

表现	判断
❶ 从来没关注过色彩跟宝宝的关系，看到宝宝的世界都是花花绿绿的，认为宝宝天生就喜欢花花绿绿的东西。	□
❷ 感觉宝宝喜欢色彩鲜艳的东西，衣服、玩具、用具都买色彩鲜艳的。	□
❸ 听说过多颜色会干扰宝宝的专注力，尽量让宝宝生活在简单、单一的色彩中。	□
❹ 听别人说三四个月就可以教宝宝认颜色，拿彩色卡片在孩子眼前晃过几次，发现没什么反应，就不再做了。	□
❺ 听别人说色彩认知要趁早，给宝宝买了一大堆各种颜色的玩具，每天让他处在色彩斑斓的世界中。	□
❻ 给宝宝制订了认识颜色的计划，每天固定时间让他学，宝宝却越来越烦躁。	□

如果您勾选了以上选项，说明您对 1 岁以内小宝宝的视觉认知还不了解。

关键知识

视觉是人类成熟最晚、发展最慢的一种感觉，宝宝对色彩的认知有一个过程。0 ~ 3 个月的宝宝只能认知对比强烈的黑白色，从第 4 个月开始，宝宝进入视觉发育的彩色期，对彩色的东西越来越敏感。随着月龄增加，宝宝对色彩的认知从纯度高的红、黄、蓝色逐步过渡到紫红、草绿等混合色。2 岁以后，宝宝才能全面认识颜色，6 岁时视觉基本发育成熟。

研究表明，环境中的色彩会影响宝宝的心理和智力发展。德国一位心理学家用了 3 年时间发现，在颜色和谐、好看的房间里成长，宝宝会更机敏并富有创造性，而长期在单纯的黑色、灰色等暗色调里生活的宝宝，相对会比较迟钝。家长要学会利用色彩帮助宝宝发展。

建议方法

用好色彩，能帮助宝宝更好地发展。下面的建议可能会对您有帮助。

0 ~ 4 个月以黑白对比色布置环境

0 ~ 4 个月时，宝宝视觉不敏锐，看到的色彩、形状大多模糊一片，只对黑白色比较敏感，如果像案例中的家长把过多的色彩堆在宝宝面前，可能会让他烦躁不安。所以，这个阶段要以黑白色为主色调布置小床，以红、黄、蓝三原色装饰床周和提供玩具，通过移动黑白图片引发宝宝注意。当然，也不能让小宝宝生活在完全的黑白世界中，家里的布置、家人的服装，还是要注意色彩的多样性和舒适性。

4 个月后帮宝宝建立一个彩色世界

4 个月后，宝宝的视觉神经开始对彩色敏感，从饱和度最高的红、黄、蓝逐步开始认知橙、绿、紫等，这个阶段丰富多彩的刺激显得特别重要。家长可以给宝宝布置一个多彩的环境，如在宝宝房间里布置彩色气球、娃娃画报之类的物品，并经常更换。

还要注意在生活中实现教育，通过蔬菜、衣服、食物等生活物品，随时随地帮宝宝认知颜色。比如，可以跟宝宝说“戴上红色的小帽子”“拿上蓝色的小皮球”等，让宝宝通过生活物品直接感知色彩。在购买玩具时，要购买发声的彩色玩具，如摇铃、拨浪鼓等，实现声色共同刺激。还要多带宝宝到户外认识大自然，大自然里绚烂多彩的植被，永远都是最好的教材。

明确教宝宝认识色彩的目的，不以对错论英雄

1 岁前的宝宝对各种事物都充满了兴趣，这个阶段也是教宝宝认识色彩的好时机。但是，宝宝的认知能力有限，很容易把颜色认错，家长一定要明白，教宝宝认识色彩是为了促进宝宝视觉发育和提高色彩辨识能力，而不是为了让宝宝说对颜色的名称。即便宝宝说错了，也不要批评或纠正，只需要告诉他“这不是红色”就可以了，不要说“这不是红色，是紫色”，这样信息太多，容易让宝宝混淆。但说红色时可以用红色的积木、气球、杯子等实物来展示，这样宝宝不仅认识了颜色，还能建构自己的审美。

了解婴幼儿色彩认知规律，让宝宝在生活和游戏中学习色彩

在宝宝能认知各种色彩后，他认识颜色会遵循“红—黑—白—绿—黄—蓝—紫—灰—棕”的顺序。按这个顺序教宝宝认识颜色，宝宝会更快记住。建议每次只教一种颜色，如这个星期教他认黄色，就把生活中黄色的物体指

给他认，下个星期认识生活中蓝色的事物。以此类推，宝宝很快就会掌握全部颜色且不易忘记。

当然，根据孩子爱游戏的特点，也可以在孩子认识某些颜色后，给他做色彩排列、分类、指认、选择等游戏，同时用语言进行强化，如告诉宝宝这是“红色的气球”“绿色的树叶”等。

重点回顾

视觉成熟晚且发展慢，认知色彩能促进宝宝视觉和智力发展。但宝宝认知色彩有独特的规律性，0 ~ 4 个月时以认知黑白和对比强烈的纯色为主，4 个月后逐步进入缤纷的多彩世界，在他能认知各种颜色后，遵循“红—黑—白—绿—黄—蓝—紫—灰—棕”的顺序逐色认知，会让宝宝学得更快。因此，家长要了解和按照这些规律，在生活和游戏中教宝宝学认颜色，以周或其他时间规律帮助宝宝逐一、循环认知色彩并通过语言强化。

如何给 0 ~ 1 岁的宝宝听音乐？

典型情景

琳琳，3 个多月，胖乎乎很可爱。妈妈因工作问题最近心情不太好，回家就听一些沉闷忧郁或者激烈亢奋的音乐。几天之后，妈妈发现每当她播放这些音乐时，小琳琳就腿脚乱蹬，小嘴一撇一撇的，像憋屈得要哭。小琳琳这是怎么了？她听懂了妈妈放的音乐吗？

对照判断

您家小宝宝在听音乐时，有下列反应吗？

表现	判断
❶ 手舞足蹈，浑身摆动，沉浸在音乐的节拍中。	☐
❷ 有时开心，有时安静，有时眉头紧蹙，会跟着音乐变换表情。	☐
❸ 哭闹不安时，听了舒缓、悠扬的音乐会安静下来。	☐
❹ 喜欢拨弄音乐玩具，一遍一遍自己播放和探索。	☐

如果宝宝有上述表现，说明他对音乐的感知非常好。

想一想，面对不到 1 岁的小宝宝，您是如何给他听音乐的？

表现	判断
❶ 查阅了很多资料，严格按照育儿书上说的曲目播放。	☐

续表

表现	判断
❷ 大人听什么孩子跟着听什么，没有特意给他选择音乐。	□
❸ 大人不喜欢听音乐，也很少给孩子听。	□
❹ 这么早听音乐是培养歌唱家的家长做的，自己的孩子没有这方面的天赋，听不听无所谓。	□

如果您的行为符合上面的叙述，说明您对宝宝听音乐的重要性还不够了解，请您继续阅读。

关键知识

听觉系统是宝宝最早发育的感官功能，胎儿在孕期就能听到声音，出生后听觉迅速发育，1 岁时基本发育成熟。美国“音乐教育之父”戈登教授认为，在宝宝 3 个月时音乐智能就形成了，9 岁后进入稳定期。宝宝一出生就喜欢听音乐，从 3 ～ 4 个月起，就对音乐有了初步记忆力和感受力，能对不同音乐做出不同的动作和表情。但是，1 岁前宝宝的听觉还在发育过程中，听音乐要有所选择，最好听那些轻快、活泼、柔和的音乐，不要听阴郁、沉闷、节奏太激昂的音乐。给宝宝听适合的音乐，能起到精神教育、智力教育、性格教育等多重作用。

建议方法

了解听觉发展规律，选择适合宝宝发展的音乐

尽管宝宝的听觉系统发育最早，但刚出生的宝宝可能因羊水影响听觉，这时要以听轻音乐为主，听 15 分钟左右，音量控制在 30 分贝；3 个月后，

听觉神经开始发育，可以听欢快的音乐和儿童歌曲；7个月后，听觉神经和感知力进一步增强，可以听古典音乐和经典乐曲。为避免伤害听力，1岁前尽量少听爵士乐和特别激昂的音乐，不要把声音放得过大或过小。对网上下载的很多儿歌要进行选择，既要看歌词也要看旋律，选择朗朗上口、编写巧妙、寓意好、音律和谐的儿歌给宝宝听。

创造音乐环境，多玩乐器类玩具

环境是最好的老师，家长可以让宝宝一出生就生活在充满音乐的天地里，时常播放一些比较高雅的音乐，让宝宝感受音乐的简洁、明快和安详。如舒曼的《快乐的农夫》、莫扎特的《土耳其进行曲》、米查姆的《巡逻兵进行曲》和贝多芬的《G大调小步舞曲》等。家长如果能给孩子哼唱乐曲或亲自演奏给宝宝听，效果会更好。同时，给宝宝准备能演奏的玩具和乐器，如八音盒、音乐旋转盘、铃鼓、电子琴等，让宝宝摸摸、敲敲、吹吹，自己播放音乐，激发宝宝对音乐的兴趣。

结合生活场景播放音乐，养成良好生活常规

在起床、洗漱、吃饭、游戏、睡眠时，配合宝宝的生活起居有规律地播放音乐，不仅能培养宝宝的乐感和听觉能力，还能帮助宝宝养成良好生活规律。长期坚持，宝宝在听到某种音乐时，明白马上要吃饭或睡觉了，不再需要家长提醒和督促，能减少很多养育烦恼。音乐对宝宝的情绪调节作用很大，宝宝烦躁不安时，播放一些亲切、活泼、有趣的音乐；宝宝疯狂吵闹时，播放舒缓的音乐，可以帮助家长安抚宝宝，学会通过音乐调整情绪。

重点回顾

宝宝生下来听觉就比较发达，家长要了解宝宝的听觉发展规律，选择轻快、简洁、柔美的乐曲给宝宝听。随着宝宝长大，可以选择音乐玩具和小乐器，让他自己摆弄玩耍，在体验中感受和学习音乐，抚慰情绪。还可以选择适合的乐器在宝宝起床、吃饭、睡眠时播放，这样不仅可以刺激听觉发展，还可以帮助养成良好生活习惯。

如何锻炼宝宝的手眼协调能力？

典型情景

和和，11个月，正在蹒跚学步。细心的妈妈发现，和和对抓东西不感兴趣，比同龄宝宝抓细小物品的能力明显落后。妈妈准备了各种吊着的小玩具让和和训练，但只要动作稍微复杂点，和和就不抓了，有时还被逼得哇哇大哭。妈妈带和和去医院做了检查，各项发育指标都在正常范围内。医生建议妈妈抓紧时间做手眼协调锻炼，但怎么训练才好呢？

对照判断

手眼协调很容易被家长忽视，想一想，您家宝宝有过下面的情形吗？

表现	判断
❶ 5个月时，宝宝对小床上吊着的娃娃很感兴趣，不停去抓。	□
❷ 6个月后，宝宝特别爱扔东西，抓到什么都扔，有时还反复扔。	□
❸ 8个月时，宝宝特别爱撕纸，随着纸刺啦被撕开，宝宝呵呵地笑。	□
❹ 10个月时，宝宝把抽屉里的东西拿出来，扔得地上到处都是，好气人。	□
❺ 宝宝喜欢跟着妈妈玩拍手游戏，边拍边笑，开心极了。	□
❻ 快1岁时，宝宝对涂鸦产生了兴趣，反复“欣赏”他的杰作。	□

如果宝宝符合上述特征，恭喜您，说明他的手眼协调能力发育比较好。

关键知识

手眼协调是在视觉配合下手的精细动作的协调性，是由小肌肉的能力配合感知觉能力组成的。宝宝的手眼协调随着神经发育而逐渐发展，0 ~ 3 岁是手眼协调发展的关键时期。

1 岁以内宝宝的手眼协调能力变化很大。3 个月前是本能的抓握；4 ~ 6 个月在视觉引导下能有目的地抓取物体；7 ~ 9 个月能掌控手指，开始对各种东西乱敲、乱撕或乱扔，喜欢做重复的动作；9 个月后，手的能力进一步增强，不仅动作有目的，还开始讲究方法和模仿成人。

手眼协调能力发展有一个循序渐进的过程，是宝宝发育是否正常的特征指标，可以通过强化训练来提高，良好的手眼协调能力可以促进宝宝智能的发展。

建议方法

家长们越来越认识到宝宝手眼协调的重要性，希望以下方法对您和宝宝有帮助。

触摸不同材质的物品，丰富手眼统合感觉

家长可从宝宝的生活用品入手，从小让他有意识地触摸衣服、玩具、生活用品的材质，引导宝宝观察和感知生活中的各种不同，如形状不同、颜色不同、质地不同等，提高手部触感的灵敏度，为锻炼手眼协调能力打下基础。

抓住发展敏感期，引导宝宝玩中练

一般从 6 个月开始，宝宝进入手的动作敏感期，这个敏感期一直持续到

2 岁左右。家长要抓住这个敏感期，创设相应的玩具让宝宝得到适度锻炼。

2 ～ 3 个月的宝宝关注自己的手或眼前的物体，家长可以摇动玩具，发出声音，让宝宝去够；4 ～ 5 个月时，可以把玩具放在宝宝够不着的地方发出声音，让他用眼睛去找；5 ～ 6 个月时，让宝宝双手拿玩具进行敲打，锻炼用双手握住两个玩具；7 ～ 8 个月时，可以让宝宝撕纸、通过照镜子来认知五官；10 个月左右，可以教宝宝玩套娃游戏，或把物品从盒子里取出再放进去等游戏；1 岁左右，可以锻炼宝宝翻书、穿珠子等，进行手眼一致的练习。特别是喝奶时，要让宝宝经常用手握住妈妈的手或扶着奶瓶，让宝宝进行各种尝试和锻炼，在生活和玩耍中锻炼和提升手眼协调能力。

关注重点月龄段，追随发展水平及早训练

家长要特别关注以下三个时期。

❶ 4 ～ 6 个月是宝宝精细动作发展的关键时期。这时宝宝能够有目的地去抓握，家长要抓住这个特征，对宝宝进行视觉追寻训练。可以准备一个宝宝感兴趣的玩具，由近及远，引导宝宝伸手去抓。还可以准备不同的玩具让宝宝去抓，让宝宝的小手得到充分刺激。

❷ 7 ～ 9 个月宝宝基本能掌控手指，开始喜欢反复扔东西。这时家长要给宝宝充分的尝试空间，如让宝宝用手抓饭吃，这对增强手的灵活性非常有帮助。可创设扔的材料和环境，让宝宝充分地扔。有心的家长还可进行变换轨迹训练，即在给宝宝递玩具或食物时，突然改变方向，让宝宝追视物体走向后拿到玩具或食物。

❸ 10 ～ 12 个月宝宝开始模仿，动手方式也越来越多。适合的训练方法有戳破洞游戏、捡（串）小东西、做因果关系理解游戏（如扔东西与发出声音的关系）、拍手游戏和用蜡笔涂画等。

鼓励宝宝多动手，不随意打断或批评宝宝

在日常生活中不要处处代办，要鼓励宝宝自己做事，如捡玩具、递东西等，让宝宝参与各种动手活动，提升手部的灵活性。特别在宝宝专注于某一动作、把家里弄得一团糟或者失手打破某样东西时，不要随意打断或批评宝宝，让他保持专注和动手操作的兴趣。对很多家长来说，让孩子动手比阻止孩子动手更难，家长要学会管理自己，做为宝宝创造成长机会和环境的好家长。

重点回顾

手眼协调能力是宝宝精细动作发展的重要表现，可以通过训练得到提高。0 ~ 2 岁是宝宝手眼协调发展的敏感期，家长要了解各月龄段发展特征，创设玩具让宝宝在玩中练，有意识地让他触摸和接触生活中的各种物品，关注宝宝视觉和手部动作发展水平，进行力所能及的游戏和训练。

特别是在 4 ~ 6 个月、7 ~ 9 个月、10 ~ 12 个月三个重点月龄段，要追随发展水平及早训练，创设环境让宝宝抓握、扔东西、撕纸、串大珠子等，鼓励宝宝做自己的事，提升手部灵活性和手眼协调能力。

如何对 0 ~ 1 岁的宝宝进行早期教育？

典型情景

棉棉，2 个月，当妈妈跟她说话时，她目不转睛地看着妈妈，咿咿呀呀发出简单的“哦”“啊”声。妈妈离开后回来，她表现得非常兴奋，手舞足蹈。棉棉喜欢看色彩鲜艳的东西，喜欢妈妈给她摇拨浪鼓唱歌。看着天使般的女儿，妈妈高兴的同时也有些焦虑，怎么对棉棉进行早期教育呢？

对照判断

想一想，宝宝在 1 岁前，您是如何对他进行早期教育的？

表现	判断
❶ 教他说话、唱歌、数数、走路，凡是能教的都尽早教。	☐
❷ 尽早送到早教机构，他们是专业的，能教得更好。	☐
❸ 顺其自然照顾好宝宝就行，不专门教其他任何东西。	☐
❹ 跟着宝妈群里流行的方法做，大家都做应该就有一定的道理。	☐
❺ 学习前人经验，跟着网站或育儿书上的招数做。	☐

如果您勾选了上面的选项，说明您对宝宝的早期教育还不够了解。

关键知识

宝宝一出生就具备了发展的潜能，有主动生长的内在力量，表现出明显的发展阶段和相应的发展敏感期，以及身体和大脑的快速变化。研究表明，新生儿的脑部体积不足成人的 50%，3 岁时达到成人的 80%左右。婴幼儿大脑有极强的可塑性，对知识的接收和能力的开发相当敏感，如记忆力、思维力、运动技能、情感情绪、语言能力等。而且，0 ~ 1 岁宝宝经历视觉、听觉、口腔、动作、语言、空间、模仿等多个敏感期，这些敏感期相互交叉和促进，敏感期内宝宝的大脑发育进入特定的快速发展阶段，宝宝能快速学会相应知识和技能。这些都使 0 岁教育成为可能。

因此，根据 0 ~ 1 岁宝宝的身心发展特点，进行适当的启蒙教育，激发宝宝学习兴趣，启迪宝宝智力和思维，能促进宝宝身体、大脑更好发育，为各种感知觉能力、智力发展奠定更好的基础。

建议方法

根据生长发育特点，满足成长发展需求

就早期教育来讲，1 岁前可以分为三个阶段。

❶ 0 ~ 6 个月主要是建立安全与依恋的时期。这个阶段的教育主要体现在多观察宝宝，从宝宝的哭闹、翻转、表情等各类反应中寻找规律，读懂并满足宝宝的需要，帮助宝宝形成稳定的生活规律。

❷ 7 ~ 9 个月宝宝的好奇心初步萌发。这个阶段宝宝开始学习爬行，对各种事物表现出好奇，可以开始进行认知、语言、运动、交往、艺术五项能力的培养。

❸ 10 ~ 12 个月宝宝的探索精神进一步增强，认知和语言能力也大大提高，可以借助玩具等，教宝宝理解大小、里外、因果等逻辑概念。

1 岁前妈妈要多和宝宝说话、抱他等，要陪着宝宝多与他人接触，满足

孩子肢体接触和与人交往的需求。

在生活中学习，通过生活实现教育

按照皮亚杰的认知发展理论，0 ~ 2 岁婴儿处在感知运动阶段，通过动作以及视、听、触、味、嗅等感觉来认识和了解世界。如跟宝宝说“烫，不能动”是无效的，宝宝伸手摸，自己感觉到烫后才能真正明白。所以，对 1 岁前的宝宝来说，不需要刻意教他学什么，而要在生活中实现教育。如在吃饭时告诉宝宝食物的名称，在穿衣时给他讲解衣服的颜色和作用，在睡觉前播放音乐，在游戏和玩耍中锻炼运动能力、精细动作和感统能力，等等。家长要给宝宝自己做事的机会，教他学着做事。只要留心，家长会发现生活是宝宝最好的早期教育教材。

多陪伴多互动，在游戏中实现教育

游戏是儿童身心健康成长不可或缺的元素，游戏的特点与儿童的情绪性、模仿性、易变性、幼稚性很相近，游戏中的跳、滚、爬等开发着宝宝身体的每一个部位，让他们学习沟通、交流等。因此，家长要多和宝宝玩各种游戏，如命名、搭积木、叠小套桶等，玩的过程中家长可先做示范，然后让宝宝模仿，最后让他自己玩。游戏过程中，宝宝能经常看到家长的笑脸和各种表情，有利于培养对家长的信任，这是宝宝人格和能力综合发展的重要基础。

抓住关键期，进行感知觉训练

1 岁前是宝宝大脑可塑性最强的时期，也是视觉、听觉、触觉等感知觉发展的关键期，家长要对孩子的感官和动作进行训练。

❶ 视觉刺激。从装饰小床、小房间到带宝宝多看外面的真实世界，让宝宝接触更丰富的色彩和形状。

❷ 听觉刺激。经常与宝宝聊天，给他哼歌，让宝宝听他喜欢的音乐、

儿歌甚至大自然的声音。

❸ 动感刺激。从经常变换宝宝睡、坐的姿势，到带着宝宝游戏与运动，丰富的动感刺激是特别重要的。

❹ 开阔视野。要经常带宝宝到公园等户外，开阔他的视野，让他有机会接触周围的人，促进身心综合发展。

当然，家长也可以根据宝宝的情况，选择合适的早期教育机构进行专业的感知觉教育和训练。

采取正确的早教方法，避免走弯路

有些家长比较焦虑，不顾宝宝的身心发展特点，硬性规定学习任务，把早期启蒙教育视同早期知识学习，如让宝宝一开始说话就指图认字、认图学数等，剥夺宝宝的玩耍时间。这样即便宝宝学会了，也只是简单的模仿记忆，不是真正的智力和能力发展。因此，早期教育的重点是把握好语言、智能、体能、感官等婴幼儿身心发展的顺序和规律，采取生活中学、玩中学、做中学的方式，让宝宝在快乐中学习，开发已有的潜能，而不是单纯的重复和机械记忆。

重点回顾

早期教育是家长最关心的话题。宝宝出生后的第一年，身心发展特别快，具有接受早期教育的内生动力和身体基础。家长可在满足宝宝生长发育需求的基础上，通过生活、游戏和适度的专业训练促进宝宝更好地成长，特别要有意识地关注宝宝的敏感期，培养宝宝说话、记忆等认知能力和听、说、触、动等感知觉能力。在开展早期教育过程中，家长要注意遵循规律，不要用学校化的方式硬性让宝宝学知识，避免扼杀好奇心和想象力，甚至让宝宝产生心理阴影。

第二章

1～2岁孩子

1～2岁的宝宝正在学走路，学说话，对世界充满好奇，会经历空间敏感期、秩序敏感期、自我意识敏感期、细微事物敏感期、语言敏感期等多个敏感期，喜欢钻洞洞、捡小东西、重复语言等，既天真可爱，又难以理解。本章将带领大家一起走进1～2岁宝宝的神秘世界！

认识孩子的发展特点

1～2岁的宝宝处在空间敏感期、动作敏感期、细小事物敏感期、语言敏感期等多个敏感期交叉时期，开始形成“客体永久性”概念，对外界探索和吸收的本能让他有许多独特表现，如喜欢抠洞洞、捡小石子、躲猫猫等，还会一遍遍重复大人说过的话。如果想了解1～2岁宝宝的发展特点，就请阅读本章的主题吧。

宝宝为什么对抠洞洞感兴趣？

典型情景

晨晨，14 个月，妈妈发现他开始喜欢抠带有小洞洞的物品，对玩具孔、家具孔、扣眼儿等小洞非常感兴趣，甚至连自己的肚脐眼儿、妈妈的耳朵眼儿和鼻孔也不放过，一有机会就抠，从来不知疲倦。妈妈担心晨晨的小手卡在小孔里，不让他抠来抠去，可根本阻止不了。妈妈很好奇：为什么晨晨一定要抠小孔？他到底对什么感兴趣？

对照判断

看一看，您的孩子有下面的表现吗？

表现	判断
❶ 对身边的洞洞玩具或家具、衣服上面的洞感兴趣，经常动手去抠，很多东西都被他抠坏了。	□
❷ 喜欢把东西塞在洞里，然后拿出来，乐此不疲。	□
❸ 新买的爬行垫被他抠得东一个洞、西一个洞，怎么都管不住。	□
❹ 只要抱着他坐在沙发上，就开始找大人的嘴巴、鼻孔抠，烦死了。	□

面对孩子种种抠洞洞的行为，您是怎么做的呢？

表现	判断
❶ 觉得不卫生，用严肃的态度告知孩子，不能去乱抠洞洞。	□

续表

表现	判断
❷ 告诉孩子每个洞里都住着一个妖怪，如果用手去碰，就会被咬住手指。	☐
❸ 把家里能抠的东西全都拿走或遮盖住，尽量不给他抠的机会。	☐
❹ 担心孩子卡住手指，警告他不许抠洞洞，否则手指就没了。	☐

如果您有上述行为，说明您不理解宝宝的发展需求，看看家长应该如何应对宝宝抠洞洞的行为吧。

关键知识

面对孩子喜欢抠洞洞的现象，家长不要着急，这是宝宝处在神奇的空间敏感期的表现。从 1 岁左右开始，宝宝开始对空间进行探索，他的手部精细动作有了发展，对小孔越来越感兴趣，尤其是那种契合手指的小孔很让他痴迷。

处于这一敏感期的宝宝，喜欢用手移动物品、扔东西，把里面的东西取出来，把外面的东西塞进去，在物品上抠洞等。通过这些看似简单的动作，宝宝用自己的身体感知他和物品、空间之间的关系。在这一过程中，宝宝的精细动作、手眼协调能力都能得到很大发展，家长不要轻易阻止。孩子的空间敏感期持续时间比较长，一般在 6 岁左右结束。

建议方法

顺应宝宝发展需要，满足宝宝空间探索需求

宝宝大约从 1 岁开始进入空间敏感期，处于这一敏感期的孩子，在好奇

心驱使下，不仅抠洞洞、戳东西，而且扔东西、钻洞洞，这是他们成长过程的必经阶段。这些行为不仅能促进宝宝运动能力的发展，还能让宝宝获得心理上的满足，对于家长来说，此时要做的不是禁止，而是顺应孩子，满足其空间探索的需求。

做好必要安全防范，提供合适玩具鼓励宝宝探索

尽管要鼓励支持宝宝探索空间的抠东西行为，但这个阶段宝宝年龄小，不懂得危险防范，家长要将家里的插座、插排等带洞洞的危险品处理好，防止宝宝发生触电等危险，并做好安全引导，如告诉孩子“电插座危险，不可以碰，过来妈妈陪你玩戳洞游戏”。

在保证安全的情况下，多给宝宝创造各种抠洞探索的机会，利用生活中的材料制造一些好玩的洞洞，如用纸盒抠洞，用废旧泡沫箱抠洞、用大树叶抠洞等，还可以买一些镶嵌玩具、洞洞书等，让孩子充分感知不同的材质、形状、颜色，在抠、挖、戳和翻阅图书的过程中，探索空间特性，促进精细动作和手眼协调能力的发展。

减少无谓限制，多做互动游戏

在帮助孩子度过空间探索期时，家长要认识到孩子有天然的自我保护意识，不需要做太“危险论”的说教，也不要用自己的焦虑情绪感染孩子，增加孩子对外界的恐惧感，破坏他自我保护和探索世界的能力。家长要有意减少限制和约束，给予孩子充分的爱和自由，陪孩子多做一些有益于空间探索的游戏，如捏橡皮泥、叠餐巾纸、搭积木、捉迷藏、搭帐篷等，引导或者陪伴他去玩洞洞游戏，钻各种大小和形状的安全洞洞，丰富孩子对空间的认知和感知。

多带孩子到大自然中探索

对于刚刚开始认识世界的孩子来说，大自然是他最好的老师。父母要多带孩子进入大自然，自然界中有姿态各异、材质多样的洞洞，如大树的洞、小蚂蚁的洞、桥洞、室外玩具的洞、树拱形成的洞等，让孩子亲身体会并观察到自然空间的多样性，发挥孩子的想象力，让孩子在观察和体验中感受对大自然真实情景探索的乐趣。

重点回顾

1 岁的孩子开始走向空间探索敏感期，他们用自己的身体感知他和物品、空间之间的关系，家长要理解和顺应他们的需要，在做好必要的安全防范前提下，给他们提供玩具、创造环境、陪伴游戏等，让他们尽情地抠洞洞、钻洞洞，进行空间探索，满足孩子对各种空间的好奇心和自我探索欲，帮助孩子建立良好的空间感。

宝宝走路老捡小树叶、小石子是怎么了？

典型情景

壮壮，16 个月，每次妈妈带他外出玩时，他总是一边跑一边四处张望，突然会蹲下来捡路边的小石子、散落的小树叶等，发现路边忙忙碌碌的小蚂蚁，又兴致勃勃地蹲下来观看，有时还捡路边的烟头、小纸片等。在家里也是如此，掉在地上的头发他要捡，择完的烂菜叶他要捡，掉落的饭粒、饼干渣也要捡……妈妈担心不卫生，每次都告诉壮壮不要捡地上的东西，但壮壮仿佛没听见，看见小东西依旧捡个不停，这是怎么了？

对照判断

看一看，您的孩子有下列行为或现象吗？

表现	判断
❶ 走路不专心，喜欢捡拾路边细小的东西，如小石头、小枯叶等。	☐
❷ 突然对地上掉落的小垃圾特别感兴趣，如头发、面包屑等。	☐
❸ 突然对活动的小动物感兴趣，喜欢长时间看小蚂蚁、小蜗牛等，并用手去抓。	☐
❹ 突然学会翻家里的垃圾桶，捡拾里面的小纸片、没用的小物件等。	☐

面对孩子“捡垃圾”和对小动物感兴趣的情况，您是怎么做的？

表现	判断
❶ 强烈阻止，不让孩子捡，常把孩子捡到手里的东西拍打掉。	□
❷ 反复跟孩子说不能捡垃圾，发现一次狠狠地批评教育一次。	□
❸ 觉得孩子走路时捡东西是“一心二用”，斥责孩子要好好走路。	□
❹ 对孩子动不动长时间盯着小动物看不理解，也没耐心，不让孩子浪费时间。	□
❺ 看到孩子捡拾小东西时，反复给孩子讲道理，让孩子保证下次不捡了。	□

如果您勾选了上述行为，说明您对孩子捡拾小东西和对小动物感兴趣的行为尚不理解，您需要加强了解孩子的细微事物敏感期。

关键知识

当宝宝突然爱捡拾一些小东西时，意味着宝宝进入一个新的成长阶段——对细微事物感兴趣的敏感期。这个阶段的孩子，由于身体能力发展和内在潜能开发的需求，对各种微小的东西充满了兴趣，会在现实环境中观察、搜索和发现细小的事物，如草丛里的小昆虫、衣服上的小图案、细碎的小树枝等。他觉得所有细小的事物既新奇又美好，一双犀利的眼睛总能发现大人所不能发现也不能理解的“微观”世界，还能看出不同细小事物之间的差异。

这个时间段，如果家长认真观察，会发现当孩子沉浸在观察细小事物中时，会进入一种忘我的状态，旁边有人喧哗吵闹也可以无视，这让孩子的注意力得到了充分的发展，能帮助孩子养成注意力集中的好习惯。因此，家长要充分理解和保护孩子的捡拾行为，帮助其养成观察和专注的习惯，促进认知、记忆、想象、思维、创新等能力充分发展。

建议方法

理解和保护孩子的捡拾行为

捡拾细小事物是孩子观察能力的开端，也是孩子专注力萌芽的标志。孩子通过观察、研究、收集一些细小的东西，让自己获得许多快乐，这本身就能发展孩子的触觉和视觉能力。此外，孩子要把这些小东西抓起、捏起，他们的小手肌肉和手眼协调能力自然会得到提高。而且，孩子在捡拾和观察细小事物时全神贯注，很难被外界打扰，观察力和专注力也会得到前所未有的发展。如果人为阻止孩子的捡拾行为，会妨碍以上能力的发展。

所以，家长要注意保护孩子对细微事物的关注行为，可以准备一个“百宝箱”，与孩子一起把他捡拾的东西整理和收藏起来，保护和尊重他的“劳动”成果。如果担心有危险，家长可告诉孩子哪些可以捡，哪些不能做，如不能把捡的食物屑放进嘴里等。

创造更多观察和体验细小事物的机会

如前所述，孩子对细微事物感兴趣和执着，说明他的专注力、观察力正处于快速发展阶段，家长如果能正确引导，有助于他各项能力更好地发展。所以，对这一时期的宝宝，家长要创造更多观察和体验机会，如给他纸让他撕成小碎片，用捡拾的花瓣作画……陪着孩子一起捡拾，一起体验，一起观察，随时回应他的疑问，给他讲解物体的特征，让他充分地体会到细心观察的乐趣。但父母要注意，这个时期不能强制性去培养孩子的观察能力，如直接将许多小东西摆在他面前，一个一个让他指认，这种方法会扼杀孩子的学习兴趣。

蹲下来了解孩子，不随意打扰孩子的捡拾和观察行为

在孩子眼里，无论是一片叶子还是一块小石头，都值得他们捡拾珍藏或者聚精会神地观察。这时，家长不要随意打断，要蹲下来与孩子一起欣赏他

的世界，给孩子一些时间，让他仔细认识和研究。如果时间允许，尽量不要打扰孩子，直到他自己观察完了主动离开。因为对孩子来讲，这种观察是他们的一种工作，一种值得他聚精会神去做的工作，他会通过这种工作收获专注力、认知力等能力的成长。家长表现出没有耐心或随意打扰孩子，会破坏他的认知过程，影响专注力的提升。

创造一些小玩意儿，有意培养孩子的观察兴趣

不能机械训练宝宝，不意味着家长不能通过有意训练，提高宝宝的观察力和专注力。家长可以抓住这一敏感期，利用生活中的物品做成玩具，如小线头、小果串等东西，既没有危险性，又能激发孩子的兴趣，让孩子自由地去玩耍，或者和孩子一起创造和玩耍。这样孩子既体会到了快乐，也加深了亲子间的感情。在训练宝宝时，家长不要给孩子设定目标或任务，以免影响他探索的兴趣。因为在这一敏感期的孩子，只愿意去观察他感兴趣的事物，即便父母有意培养和“针对性教学”，也要在了解孩子兴趣的基础上创造相应的情景，如让他穿小果串，穿好后与妈妈一起吃，能极大增强游戏的乐趣。

重点回顾

宝宝走路捡拾小树枝、小石头是进入细微事物敏感期的表现，这一时期是培养孩子观察力、专注力的重要时期，家长要理解和保护孩子的捡拾行为，为孩子创造更多观察和体验细微事物的机会，帮他整理和珍藏收集到的小东西。在孩子专心观察时，蹲下来了解孩子的世界，支持他专注的观察行为，利用生活中的物品，创造能够培养专注力的小玩意儿，让宝宝在丰富的环境中成长，培养良好的观察和专注能力。

为什么宝宝喜欢玩躲猫猫游戏？

典型情景

小花，14个月，开始蹒跚学步，最喜欢和妈妈玩躲猫猫游戏。每当妈妈叫一声“喵”，躲在门或柜子后面，小花循声而去，找啊找，每次把妈妈找到时，都会高兴得哈哈大笑。不管重复玩多少次，小花都特别喜欢这个游戏。小花还喜欢自己躲起来让妈妈找，但她经常进行“掩耳盗铃”式的躲藏，只顾着把自己的小脑袋藏起来，完全不管整个身体还露在外面。妈妈陪着都玩腻了，心中很困惑，这么简单的游戏，为什么小花会乐此不疲呢？

对照判断

您的孩子有下列行为或现象吗？

表现	判断
❶ 喜欢躲起来让你找，不厌其烦地要求你和他一起重复。	□
❷ 玩藏藏找找游戏时特别开心，流露出满足感。	□
❸ 在你藏得比较隐蔽，不容易被发现时，他也坚持找，直到自己找到。	□
❹ 对躲猫猫有特殊兴趣，经常往衣柜、桌子底下钻，让大人反复找。	□

作为父母，面对宝宝对躲猫猫的执着，您是怎样做的？

表现	判断
❶ 认为躲猫猫游戏太简单，对宝宝故意忽视或者躲避，有时还表现得不耐烦。	□
❷ 不让宝宝玩躲猫猫游戏，换一个认字读拼音的游戏跟他玩。	□
❸ 敷衍地陪孩子玩一会儿，不顾孩子还要不要玩就结束游戏。	□
❹ 认为不断重复一个动作陪玩简直太枯燥了，每次都特别痛苦。	□

如果您有上述行为，说明您对孩子喜欢玩躲猫猫的行为不理解，请您继续阅读。

关键知识

小宝宝喜欢躲猫猫游戏，是因为他一直在学习和进行一个实验，即事物不会因为看不见而不存在，从而习得“客体永久性”概念。这个概念由著名发展心理学家皮亚杰提出。皮亚杰认为，当一个物体从视野中消失后，儿童仍能知道它的存在时，他就产生了“客体永久性”概念，这标志着儿童大脑的表象思维发生质的变化，出现智慧结构，获得初步的时空概念，皮亚杰称之为“哥白尼式的革命”。

这是儿童认知发展第一阶段（感知动作阶段，0～2岁）的最大成就，标志着儿童开始从以自我为中心变为把自己仅看作无数客体中的一个，是儿童所有认知活动发展的基础。

建议方法

躲猫猫游戏对婴幼儿发展非常重要，能促进他的记忆力、自我意识等综合发展。

认识躲猫猫游戏的价值与发展过程

躲猫猫是一个跨越语言和国界，让妈妈和宝宝都喜欢的游戏。伴随着宝宝的成长，躲猫猫可以不断复杂化，一方面使孩子获得积极愉悦的情绪，另一方面帮助宝宝建立“客体永久性”概念，促进婴幼儿大脑中表象的形成和想象力的发展。

小宝宝在玩躲猫猫游戏时有一个明显特点，即当你用手把脸蒙起来时，他会瞪大眼睛注视你的脸消失的地方，他觉得脸是从哪儿消失的就应该在哪儿找到，一旦你真的出现时，他就显得非常兴奋。如果不是从消失的地方出现，而是在别的地方出现，他就会感到疑惑或惊讶。随着“客体永久性”概念的逐步建立，这种疑惑和惊讶也会消失，孩子逐步理解物体从一个地方消失后，可以存在于别的地方，从而形成稳定的客体认知格式，孩子的空间—时间组织也会达到一定的水平，且表现出因果性认识的萌芽。

通过陪伴游戏，建立安全感、成就感和满足感

小宝宝有充足的好奇心和求知欲，他对外面的世界既想探索，也会有恐惧和害怕。在这个发展阶段，爸爸妈妈要多陪孩子玩躲猫猫游戏，赞扬他在游戏中的表现，比如说“你真聪明，找到了一个很棒的躲藏位置”“你怎么这么厉害，我躲在这里都被你找到了”。在简单的躲猫猫玩熟后，可以增加游戏的复杂度，增强宝宝对游戏的兴趣，促进他快速建立“客体永久性”概念，并通过坚持找躲藏的父母获得成就感、满足感，培养坚持精神。当宝宝通过躲猫猫游戏建立“客体永久性”概念后，他就知道即便爸爸妈妈不在眼前也还会出现，有利于建立内心的安全感。

实际上，无论是“藏”还是“找”的过程，宝宝都能感觉到父母对自己的关注，有利于促进亲子关系，建立亲密关系。

有意增强宝宝在躲猫猫游戏中的视觉、听觉参与

躲猫猫游戏也是促进宝宝感官发展的良好途径。在宝宝熟悉躲猫猫游戏的基本玩法后，父母可以变换游戏花样，提升游戏难度，如藏好后从不同角度探出头来，每次出现时做出不同的表情，增加“喵”的声音等，还可以藏得隐秘一些，故意弄出一些响动，引导孩子除用视觉判断外，还用听觉辨位来寻找等，促进宝宝游戏过程中视觉、听觉等感官的发展。在一次次的游戏中，父母说的话和做出的动作，都会激励宝宝对此做出回应，有利于提升宝宝互动的欲望，可以促进宝宝语言和智力的发育，使其整体感知能力变强。

变换游戏空间和对象，增加挑战性和趣味性

与 1 岁多的孩子玩躲猫猫游戏，除室内外，安全的院子、公园里等户外也是很好的场所。还可以与其他孩子一起玩，玩的对象也不一定是人，可以是物品，如把玩具藏起来找、小朋友之间相互找等，宝宝发现一个个藏起来的玩具或与同伴互动的新方式，都会很惊喜。更有创意的玩法是把躲猫猫变成“寻宝”游戏，把不同的玩具藏在家中或公园里不同的位置，鼓励宝宝去寻找，比赛谁找到的更多、找得更快。

对于很熟悉游戏的宝宝，也可以升级为限时玩法，鼓励宝宝在一定时间内找齐所有物品，增强游戏的认知、思考、运动、互动等功能。

培养安全意识，确保游戏安全

躲猫猫游戏有一定隐匿性，要特别注意安全教育。每次游戏前都要排摸游戏场所的情况，排除插座、窗台、水坑等危险，告知孩子哪些地方需要重点防范，哪些地方不能躲藏并进行实操训练。在户外活动时，要保证宝宝在视线可及范围内，防止出现突发情况伤及孩子。

重点回顾

躲猫猫游戏看起来非常简单，却是促进宝宝形成“客体永久性”概念的重要方式，能促进宝宝视觉、听觉、语言、运动、注意力、记忆和知觉等能力综合发展。父母要追随宝宝的兴趣，多陪宝宝玩躲猫猫游戏，并不断变化躲猫猫的方式和内容，还要注意使用丰富的表情、夸张的语言和肢体动作表达，增强游戏的吸引力，多方面刺激宝宝感官发展，帮助宝宝建立安全感，获得成就感和满足感。

当然，游戏过程中要注意培养孩子的安全意识，讲清楚窗台、水坑等有危险的地方不可以躲藏，户外游戏时确保孩子在视野范围内，防止发生危险事故。

宝宝把家里的东西搬来搬去是怎么了？

典型情景

明明，19个月，是一个精力十分充沛的孩子，每天非常执着地把东西从一个地方搬到另一个地方，乐此不疲。房间里的椅子、凳子，橱柜里的锅碗瓢盆，只要他能够到的，都被他搬得十分凌乱。家里的重物他也不放过，成袋的大米、成箱的水果，他都强行去搬，屋子经常被他弄得乱七八糟，动不动还打破东西。爸爸妈妈常常因“物归原地”而筋疲力尽，还担心明明不小心会伤到自己，因此多次对他讲道理，可基本没什么用。明明这是怎么了？

对照判断

想一想，您家宝宝是否有下列行为？

表现	判断
❶ 总是把家里的椅子、凳子搬来搬去，一刻都不闲着。	□
❷ 喜欢翻抽屉，总把满抽屉的物品扔得到处都是。	□
❸ 爱撕纸、按开关按钮、到处涂画，小手像不知疲劳的机器，弄完这里弄那里。	□
❹ 不仅自己搬东西，还指挥爷爷奶奶跟他一起搬，不搬就不高兴。	□

当宝宝把东西到处搬的时候，您是怎么想和怎么做的？

表现	判断
❶ 怕宝宝碰伤或磕伤，不让他搬，更不跟着他一起搬，经常惹得宝宝大哭。	☐
❷ 给宝宝买体积比较大的玩具，引导宝宝搬玩具。	☐
❸ 觉得宝宝的行为非常可爱，但怕他受伤，叮嘱他注意安全，看着他搬来搬去。	☐
❹ 经常因收拾宝宝搬后的“战场”花费很多时间，不得不制止宝宝乱搬，只允许他在小范围内玩一会儿。	☐
❺ 怕宝宝把东西搬坏或弄乱，严厉禁止孩子搬，一旦孩子搬了，一定教育他把搬的东西放回原位。	☐

如果您有除第 3 项之外的反应，您需要对这个年龄段宝宝的搬东西行为有更加深入的了解。

关键知识

宝宝 1 岁多时，处在空间、认知、感官、动作发展等敏感期交叉共存时期，特别喜欢当“搬运工”。他通过把物体搬来搬去，起到至少四方面的作用。

❶ 感知空间的存在并观察物体在不同空间的状态，以及同一物体在不同状态下的情况；

❷ 感知物体的特征，如是软的还是硬的、是方的还是圆的等；

❸ 刺激四肢特别是手部动作的发展，促进拇指与其他四指的协调使用；

❹ 发展运动能力，锻炼身体平衡，甚至获得“我长大了”的成就感。

宝宝“搬来搬去”看似在做一些毫无意义的事，但实际上是探索世界、感知自我、发展能力的一种方式，能让宝宝在有目的的行动中锻炼动作发展，对培养宝宝建立运动习惯和各项能力发展有积极作用。

建议方法

作为父母，要为宝宝的搬运工作创造条件，陪伴其搬运并和宝宝进行互动，让宝宝通过“搬运”游戏获得更好的发展。

肯定宝宝的搬运行为，对其能力表示惊奇和赞叹

搬运东西是宝宝探索事物的一种方式，不仅能训练孩子的动手能力，还能培养孩子对空间的感觉，又能在有目的的行动中锻炼走路及四肢协调能力，使得宝宝在动手、走路、四肢、感知觉等多方面的能力得到发展。所以，在安全状态下，爸爸妈妈要肯定宝宝的搬运行为，如果宝宝将一个物品成功地搬到了指定的地方，可以表示出惊奇和赞叹。特别是在宝宝“炫耀”自己的“战果”时，要有积极的表示，如给宝宝一个大大的拥抱，让宝宝在早期运动发展阶段获得一种快乐和积极的体验。

和宝宝一起搬运，训练动手能力

很多家长都认为，给宝宝一件玩具让他去玩，自己陪在旁边确保安全就可以了，若宝宝喜欢搬运东西，就让他在视线范围内搬运，脱离视线时赶紧喊回来。其实，这不是陪伴宝宝的最佳方式。爸爸妈妈在宝宝做“搬运工”时，最好参与进来一起玩，玩耍过程中可以根据场景编一些故事，或者根据刚读的绘本故事来一次角色扮演，故事中让宝宝承担更多搬运或者动手任务，让宝宝觉得搬运非常有趣，并在游戏中锻炼手部、腿部动作能力。1 岁多的宝宝渴望有爸爸妈妈的参与，更喜欢帮爸爸妈妈取、拿东西，爸爸妈妈和宝宝一起搬运，不仅有利于宝宝的成长，还能增进亲子关系。

开展大小肌肉运动游戏，提升宝宝搬运能力

搬运是与宝宝大小肌肉发展和运动协调能力直接相关的动作。父母在宝

宝喜欢搬来搬去的阶段，可以有意识地多与宝宝一起玩大小肌肉运动游戏，如提供收纳箱、沙包、玩偶、日常物品、障碍物等，和孩子一起玩“听指令做动作”的游戏。比如，可以准备几个大纸盒，让宝宝把不怕摔的玩具扔到纸盒里，或者做几个“靶子”，贴上宝宝喜欢的形象，让孩子用沙包投掷。

日常生活中，让宝宝自己拿碗筷吃饭、自己拿自己的东西等，锻炼宝宝的大小肌肉、动手能力等。家长还可以利用这个阶段，陪宝宝一起相对有规律地运动，让宝宝逐步养成爱运动的好习惯。

消除安全隐患，利用宝宝爱搬运的特点培养生活能力

1 岁多宝宝的认知还比较有限，要为宝宝清除各种安全隐患，比如将暖壶放在宝宝接触不到的地方，将客厅的茶几放到角落里，将锅碗瓢盆放在柜子里，将桌子的棱角包裹起来等，为宝宝的搬运游戏做好安全措施。在确保安全的情况下，家长可以利用宝宝喜欢搬、爱运动的特点，引导孩子把物品放回原处、自己整理玩具、与大人一起拖地、收纳自己的衣服等，养成良好的收纳、物归原处、自己的事情自己做的习惯。

重点回顾

搬运是宝宝探索世界和事物的一种方式，宝宝通过搬运，能锻炼感知事物、感知空间、手眼协调、大小运动等各种能力。父母要正确认识宝宝搬运行为对成长的作用，适时肯定和鼓励宝宝的搬运行为，通过与宝宝一起玩搬运游戏，编讲与创作搬运故事，增强搬运的趣味性和教育价值，并利用宝宝喜欢搬运的特性，开展大小肌肉运动锻炼游戏，增强运动协调能力，引导宝宝参与生活劳动和家务活动，培养良好生活自理能力和习惯。

宝宝为什么总重复大人说的话？

典型情景

恬恬，22 个月，妈妈发现最近恬恬总是重复大人说的话。妈妈说“恬恬乖，过来喝水了”，她跟着说“恬恬乖，过来喝水了”，一边重复一边跑到妈妈旁边喝水。妈妈故意说“不听妈妈话，恬恬不乖哦”，她照样重复“不听妈妈话，恬恬不乖哦”。妈妈给她读《渔夫和金鱼的故事》：“你这个蠢货，真是个傻瓜……”恬恬更是觉得有趣，不停地嘟囔“你这个蠢货，真是个傻瓜”。妈妈觉得恬恬像个复读机，刚开始还觉得有趣，时间长了，不免有些担心，恬恬这是怎么了，为什么总是重复别人说的话？

对照判断

您的孩子是否有以下行为？

表现	判断
❶ 不管是不是对他说的话，都机械重复大人说的某句话。	☐
❷ 自己玩耍时，会不厌其烦地重复大人对他说过的词语或短句，如“爸爸帅”“宝宝乖”“酸奶好吃”等，并且大多是机械重复。	☐
❸ 在大人问他问题时不回答，而是重复大人的问题。	☐
❹ 反复问大人向他提过的一个问题，即使回复他了，还要再重复问。	☐

当孩子不断重复大人说的词或短句时，您是怎么做的呢？

表现	判断
❶ 从书上得知这是宝宝学习语言的过程，主动重复一些词句，有利于宝宝将词句与生活建立联系。	☐
❷ 刚开始觉得好玩，后来有点烦，甚至担心孩子是不是出问题了。	☐
❸ 觉得宝宝没理解大人说的话，听到重复就给宝宝解释，希望他尽早理解意思，正确回应。	☐
❹ 发现宝宝总自言自语重复大人之前说的话，怕他养成碎碎念的习惯，赶紧打岔纠正。	☐
❺ 认为机械重复不会进步，对宝宝的重复学说的行为表现出漠然，对他说出的新词表现出惊喜。	☐

如果您勾选了除第 1 项之外的选项，说明您对宝宝的语言敏感期发展特点还需要进一步学习。

关键知识

0 ～ 6 岁宝宝处于语言敏感期，从牙牙学语到"能说会道"，共有七个发展阶段：❶ 0 ～ 8 个月先声期；❷ 9 ～ 12 个月前语言理解期；❸ 13 ～ 16 个月以词代句阶段；❹ 17 ～ 24 个月简单句阶段；❺ 25 ～ 32 个月复合句阶段；❻ 33 ～ 48 个月自我语言阶段；❼ 4 ～ 6 岁语言综合能力发展阶段。

1 ～ 2 岁宝宝进入以词代句到说简单句阶段，宝宝发现了句子的魅力，开始喜欢重复大人说过的话，这种言语模仿是孩子早期语言学习的特有现象。

他们通过模仿，一是加深印象，主动学习；二是确认他们听见的是什么意思，强化自己的认知，这是他们开展主动记忆并提升语言能力的过程。

统计表明，大部分宝宝 18 个月左右开始语言模仿，他们不仅喜欢重复成人说的话，重复动画片或故事中的关键语言，而且会自言自语重复听到的关键词句，整个过程会持续到 2 岁半左右。当宝宝基本掌握大人的语言规律后，重复现象逐渐减少并完全消失。如果 3 岁宝宝仍常重复语言，并无法理解大人所说的话，需要带宝宝去进行语言方面的测试。

建议方法

理解宝宝的语言重复行为，并多加鼓励

重复是 1 ~ 2 岁宝宝语言发展的典型特征，宝宝在重复中以自己的速度持续学习。宝宝的语言重复一般有几种原因：一是由于词汇量有限，想尝试利用大人对他说的话来表达；二是对语言有了记忆，但并不理解语言的意义，这时表现为重复之前听过的话；三是通过重复表明希望有人与他进行对话。

当宝宝不厌其烦地重复之前听到的字、词、电视语言等内容时，说明他正在表达自己，或正在复制听到的信息并将其内化。家长应分析判断宝宝重复的原因，对孩子的重复做出回应，给予应答或微笑，鼓励宝宝重复，使其逐渐掌握语言的特点与规律。

利用宝宝重复的喜好，对宝宝进行外语启蒙

孩子喜欢重复大人说话，表明他学习句子的敏感期来了，这个时期可以持续到 3 岁。这时孩子学习语言的速度会非常快，而且主要通过模仿来练习发音和应用语言，家长如果想教孩子学习不同的语言，这是一个好时机。孩子在语言敏感期内，可以同时学会两种或两种以上语言的发音方式。大人可

以说简单的英语口语让孩子重复，跟他一起读英文绘本，放英文儿歌让他跟唱等，能在学说汉语的基础上，奠定孩子良好的英语口语能力基础。

抓住宝宝的语言敏感期，锻炼独立思维和说话能力

孩子还通过重复的语言行为，开展他的认知活动。孩子在通过语言重复确认认知正确后，能获得内心的成就感与满足感，增加获得新信息的兴趣，从而在语言重复中模仿、想象、创造，慢慢发展出更复杂的思维和认知。

所以，在孩子重复语言时，家长要有意扩展孩子重复的单词，如妈妈问“你想要这个小熊玩具吗？”，当孩子说“小熊玩具”时，妈妈可以接着说“哦，这是一个漂亮的小熊玩具，软软的，抱着可舒服了”，把语言和物体、动作联系起来，促进宝宝从对物体名称的认知到对事物的理解，以及从单一词到多字词，再到一句话的理解，锻炼独立思维和独立说话的能力。

除此之外，还可以练习镜像对话，准备两个不一样的物品，妈妈和宝宝各拿一个，妈妈说“这是 × × ×”，然后引导宝宝拿手里的物品，说“这是 × × ×”，让宝宝认识到自己说的和妈妈说的不是一个物品。

分析宝宝重复的情况，引导宝宝正确表达

如果宝宝的重复太过频繁，也不能不予理睬，要根据重复的情况区别处理。如出现“问宝宝问题他就一直重复大人的问话”的情况，要反思一下教他说话和回答问题的方式，是不是在过去谈话时，总是以大人为主，和孩子没有充分的互动交流，导致他慢慢把大人的话当成噪声，不予理会而简单重复了？如果是这样，要注意交流中的互动，让宝宝有机会说话，而且宝宝说时大人要认真听。如果出现宝宝什么话都重复，家长也要重视，反思一下自己的声音、语速是否足够柔和，是否有唠叨现象。如果没有，在孩子第一次重复时，请予以及时回应，如果孩子再重复，请再次回应，到第三次时，可

轻轻地抱起宝宝，温和地告诉他，妈妈听到你说的话了，也回答你了，下次说一遍就好了。用类似的话，慢慢引导宝宝正确表达。

重点回顾

宝宝的语言敏感期持续时间比较长，从0岁一直持续到6岁左右。1～2岁的宝宝处在语言发展的以词代句和说简单句阶段，宝宝感受到了语句的魅力，开始在模仿中学习和理解语言，表现为不断地重复一些句子或字词，这是他促进自我语言系统，为后期学习更加复杂、综合性的语言打基础的阶段。

家长要理解宝宝不停重复语言的原因，鼓励他反复说，教他想说的语言，让他在重复中提升语言能力，同时锻炼独立思维和说话能力。但是，对宝宝过于频繁的重复或简单的重复要加以重视，避免过多重复养成不良语言习惯。

家长成长与角色定位

1岁后，宝宝慢慢由母乳喂养过渡到吃正常食物，开始迈出稳健的步伐，有了初步的思想，活动能力和表达能力都比之前大大增强。这一时期，如何从日常生活做起，帮他养成良好的生活习惯，是家长要学习的重要内容。

宝宝学吃饭需要注意哪些问题?

典型情景

豆豆，19个月，又瘦又矮，爱吃肉，不爱吃青菜，每次吃饭家里像打仗似的，不追着喂就不吃，不得已只能全家齐上阵。妈妈用手机动画、玩具等各种方式引逗，希望豆豆能多吃一点，但豆豆吃一口，玩半天，仍旧不肯好好吃饭。吃完饭没过一会儿，豆豆就开始要零食，各种饼干、蛋糕、糖果大吃一通，下一顿继续如此。妈妈觉得很累，也知道这样下去会让豆豆养成坏习惯，但怎么办呢?

对照判断

您的孩子在吃饭时是否有下列现象呢?

表现	判断
❶ 每顿饭都吃一点点，应付了事，饭点前吃零食。	□
❷ 只吃肉不吃菜，每餐饭都要喂，不喂就不吃。	□
❸ 吃饭时要看动画片，不给看就哭闹不吃。	□
❹ 吃饭时坐不下来，不会自己吃，大人只能满客厅追着喂。	□

如果遇到孩子有上述现象，您是怎么处理的呢?

表现	判断
❶ 孩子还小，吃饭坐不住很正常，追着喂也行，只要孩子多吃点就行。	□

续表

表现	判断
❷ 孩子不好好吃饭，得让他多吃一些零食，否则营养不够就麻烦了。	□
❸ 孩子爱吃肉就多烧肉菜，喜欢吃肉说明身体需要。	□
❹ 孩子没必要过早自己吃饭，家长喂更省事，长大了自然就会自己吃了。	□
❺ 不管用什么方式，只要孩子吃进去就好。	□

如果您勾选了上述选项，说明您对宝宝养成良好生活习惯的重要性还不了解。

关键知识

1 ~ 2 岁是宝宝从吃母乳或奶粉过渡到正常食物的关键期，也是宝宝养成良好饮食习惯的重要时期。这个时期宝宝开始模仿成人的样子，用自己的餐具坐在餐桌前吃饭，是锻炼宝宝吃饭好习惯的最佳时期。

一般来说，发育正常的宝宝 9 ~ 10 个月时开始对碗、勺子等餐具产生兴趣，开始观察和注意家人吃饭，周岁后手眼协调能力增强，自己吃饭的兴趣很强，可以开始学习自己吃饭。家长要抓住这个时机，注意给宝宝准备适合他的漂亮餐具和可口饭菜，鼓励他自己进餐，一开始可以让他吃慢一些，尽量不要喂食，荤素搭配，吃饭时不做其他事情，不怕弄撒、弄脏等，让宝宝在实践中练习，逐步养成良好的饮食习惯。

建议方法

养成宝宝独立进餐的饮食习惯，是培养良好生活习惯的开始，可以大大减轻家人的照护压力，希望以下建议能帮到您。

关于独立进餐——尽早鼓励宝宝自己吃饭

宝宝周岁左右开始对用餐表现出积极主动的态度，能用小勺舀起食物，但因为动作发育不成熟，会吃得满身满脸都是；2 岁左右能比较熟练地用小勺自己吃饭。所以，从周岁开始，家长要抓住宝宝对吃饭感兴趣的有利时机，选择安全、小巧、有卡通图案的碗、汤匙和杯子，让宝宝与家人一起用餐，耐心鼓励他自己吃，如说“宝宝真能干，自己吃进去一大勺米饭”。

宝宝自己吃饭时不要给予过度关注，否则会让他觉得自己特殊而紧张，也不要怕吃不好而去喂，给予宝宝充分的锻炼机会，培养宝宝的参与感和成就感。家人要给宝宝树立榜样，吃饭时轻声交谈、专注吃饭，不做其他杂事，帮他养成良好独立进餐习惯。吃不饱或营养不够，可以用母乳或婴儿奶粉做补充。

关于食物选择——口味清淡、营养全面、色形俱佳

1 ～ 2 岁的宝宝已经大致尝试过各种家庭日常食物，但因宝宝的消化系统发育不完善，食物要少加盐、少加糖以及刺激性调味品，保持清淡、自然的口味，不给宝宝吃经过腌制、熏制，重油、甜腻、重口味的食物，这有利于提高宝宝对各种天然食物的接受度，减少偏食挑食的风险。

还要特别关注宝宝营养均衡，每天要保证 500 毫升的奶量、1 个鸡蛋、50 ～ 75 克肉类、50 ～ 100 克谷物类，蔬菜、水果的量可以根据宝宝的需要而定。

给宝宝烹饪的食物，色彩、形状要多变、有个性、可爱一些，要少吃多餐、粗细搭配，多吃水果、蔬菜和蛋白质含量高的肉类，可以包小饺子、小馄饨，做得稍烂一些或做成汤，便于宝宝消化吸收。不能母乳喂养时，要选择合适的婴儿配方奶。

关于食物加工——循序渐进，锻炼咀嚼和吞咽能力

1 岁以后，尽管宝宝可以学着吃饭，但要慢慢地过渡到正常食物。这个过程可以从三顿奶两顿饭逐渐过渡到两顿奶三顿饭。在宝宝 1 岁时，他的牙齿发育并不完善，咀嚼功能也不完善，要吃软的、稍微粗大的颗粒状食物；1 岁半到 2 岁时，宝宝的牙齿逐渐长得坚固，咀嚼功能加强，可以逐步向成人食物的软硬、大小过渡；到 2 岁时，宝宝基本能吃成人的食物。家长要注意观察宝宝饮食和牙齿的发育情况，每顿饭适可而止，不能一次性吃得太多，也不要图省事一开始就让宝宝吃大人的饭菜，当宝宝长出十几颗牙之后，可以给他吃一些稍硬的块状食物，锻炼咀嚼和吞咽能力。

关于进餐规则——通过规矩养成习惯

在宝宝刚开始自己吃饭时，要创建良好的就餐环境，如全家围坐在餐桌旁，播放欢快、轻柔的音乐，每个人尽量遵守餐桌礼仪，轻声交流，不看电视，不高谈阔论，不边吃边干其他事等，树立良好的饮食榜样。但因为宝宝的手眼、咀嚼、消化等能力都在发育过程中，刚开始学吃饭时要允许他邋遢，弄得很脏乱也没有关系，可围一个小围嘴或布兜，坚持让他自己吃，吃到他自己不吃了就结束，不要强迫宝宝吃完，更不要追着跑着喂饭。

随着锻炼增加和年龄增长，宝宝的器官发育完善，吃饭能力增强，如果出现吃饭太慢或边吃边玩等习惯问题，可以结合他平常吃饭的速度定一个标准，约定在一定的时间内吃完。如果宝宝故意慢吞吞边吃边玩，可以提醒他要在规定的时间内吃完，不要斥责或唠叨，到了约定时间就把饭菜收拾走，两个饭点之间不提供点心，下一顿孩子感到饿了，自然会好好吃饭。几次之后，宝宝亲身体验到吃饭的重要性，自然会好好吃饭。为增强宝宝对饭食的兴趣和参与感，在能力可及的范围内鼓励宝宝帮着摆放餐食、收拾碗筷、擦拭餐桌等，再大一些帮助择菜、洗碗等，参与家务劳动，养成生活好习惯。

关于进食安全——防范在前，加强监护

❶ 注意食物是否太烫。孩子会不顾冷热进食，所以父母要亲自检测一下食物的温度，以免烫伤孩子。

❷ 注意食物是否有刺。在吃鱼时，一定要注意鱼刺是否剔除干净。

❸ 在吃又硬又大的食物时，一定要弄成小而容易咀嚼的碎片，或切成小块，确保孩子在成人监护下进食。

❹ 不适合吃的食物和易呛入气管的食物，如整粒花生、腰果等坚果或果冻等胶状食物，婴幼儿无法咬碎且容易呛入气管，禁止食用。

❺ 注意是否有过敏食物。

重点回顾

1 ～ 2 岁宝宝的手眼协调和动作能力增强，表现出强烈的进食欲望，是学习独立进食的黄金期，家长要树立榜样，给宝宝充分的锻炼机会学习自己吃饭。要根据宝宝饮食适应程度，从软烂的颗粒状食物逐步过渡到成人饭食。给宝宝吃口味清淡、营养全面、色形俱佳的食物，注意饮食安全，注意变换食物花样，以更好地刺激宝宝食欲。

同时，独立进食锻炼过程中要注意营造氛围，建立规则，创设良好的用餐环境，刚开始允许宝宝慢慢进餐，邋遢一点也没关系，不强迫吃完，不追着喂饭，不用玩具、动画逗引宝宝吃饭，吃饭时不允诺条件。随着宝宝各种能力增强，提醒他吃饭时注意的细节，约定吃饭的时间，养成专心吃饭、按时吃完的好习惯。

如何正确地帮助宝宝学会走路？

典型情景

小虎，13个月，正处在学习独立行走的阶段。他每天摇摇晃晃、跌跌撞撞地往前冲，稍微走快一点儿或者路上有些小状况，啪一下就摔倒了，脸上、胳膊、身上磕了好多次，青一块紫一块的。妈妈非常心疼，要扶着或者把小虎放在学步车里走路，小虎怎么都不干，就要自己走。看着走起来摇摇晃晃、“险象环生”的小虎，妈妈很犯愁，如何正确地帮助小虎学会走路呢？

对照判断

你家蹒跚学步的宝宝，出现过以下情况吗？

表现	判断
❶ 硬要自己走，满屋子乱撞乱跑，不是头磕到桌子，就是打翻了杯子。	□
❷ 走不稳还要逞强，最爱去公园里的斜坡、院子里坑坑洼洼的地方，跌倒了哭一下继续走。	□
❸ 走路摇摇晃晃，却特别喜欢跑，为此摔了不少跤，妈妈让走慢点根本不听。	□
❹ 每天都要出去走，下雨天撑着伞也要出去，非常喜欢踩院子里的水坑，鞋袜湿了根本不在乎。	□
❺ 牵着大人的手才走，手松开就不走，大人趁宝宝不注意松开手，他就会哇哇大哭。	□

面对宝宝出现的上述状况，作为父母，您是怎么处理的呢？

表现	判断
❶ 把房间里的物品、家具重新摆放，尖锐的地方做了软包，但整天还是提心吊胆，唯恐伤到宝宝。	□
❷ 担心宝宝会出现磕碰，尽量不让宝宝自己走，放在学步车里或大人扶着走。	□
❸ 听说走路过早或过多容易出现罗圈腿，不管宝宝愿不愿意，都扶着他走且不让多走。	□
❹ 书上说多运动对宝宝好，每天给宝宝规定时间，想尽办法让宝宝独自走，越是让牵着走越不牵。	□

如果您有上述做法，说明您对宝宝学走路的关键期还不够了解，请耐心阅读下面的文字，相信对您会有所帮助。

关键知识

1 岁时宝宝进入行走敏感期，在经过坐、爬和站立后，他开始探索自己腿脚的功能，主要表现是拒绝父母抱着，也不喜欢坐着，走路成为最大的兴趣爱好，且喜欢做富有挑战性的事情，包括跌跌撞撞非要自己拿东西，专门爬坡走不平的路，喜欢爬楼梯，故意踩水坑等。但因为他的神经系统和肌肉系统发育不完善，走路动作还不能很好协调，走起路来总是摇摇晃晃，很容易出现撞物、碰墙、跌倒等现象，需要家长予以相应的提醒和照顾。

这个过程大约从宝宝 10 个月开始，1 岁后进入高峰期，1 岁半到 2 岁能完全独立行走。学走路是一个很自然的过程，不宜过早也不宜过晚，要根据每个宝宝的发育情况提供帮助。

建议方法

如果您的宝宝正在学走路，请认真阅读以下方法建议。

关注行走敏感期，抓住训练走路的关键点

进入行走敏感期的宝宝，会乐此不疲地尝试自己行走。这个时期，建议家长做到以下几点。

❶ 把握好学步最佳时期。一般在宝宝 10 ～ 11 个月时，腿部肌肉力量发展到一定程度，宝宝离开支撑物（如成人的手或其他物体）能够独立地蹲下、站起，并保持身体平衡，具备了学步基础，前期先让宝宝爬，锻炼腿部和上肢的力量，爬熟练了再锻炼走。

❷ 引导宝宝多做蹲起运动，让宝宝蹲下来捡球，站起来投球，提升手臂、腰背肌、腿部和踝关节力量。

❸ 训练宝宝学扶走。当宝宝能稳当站立时，会产生向前迈步的欲望，家长可以蹲下身子，拉着宝宝的小手，让他试着迈开小腿。如果宝宝胆小不敢走，家长要充分鼓励，让宝宝扶住沙发、栏杆进行走路练习，逐渐掌握身体平衡，慢慢地他就不再害怕。

❹ 学会放开手。随着宝宝走路平衡性增强，家长可试着放开手，让宝宝独自行走并鼓励宝宝逐步增加走路的距离。家长可以用滚动的皮球或者会跑的玩具，刺激宝宝走路的兴趣和追逐的欲望。

排除练习中的“坑”，让宝宝走得更稳

关于宝宝走路训练，民间流传的方法特别多，要注意排除各种无益于宝宝的方法，常见的误区有以下几种。

❶ 习惯牵着宝宝走。成人认为这样更加安全，殊不知，宝宝在被牵着走的过程中，力度都是成人控制，宝宝不能很好地锻炼自己的平衡性，容易

造成习惯性踮脚走，或者走路依赖心理，导致走路不稳、不敢自己走甚至摔跤。

❷ 用学步车。不建议婴儿使用学步车，因为把不能完全站稳的孩子放在学步车里，除形成依赖心理延迟走路外，宝宝没有控制方向的意识和能力，很容易发生危险。如果学步车和宝宝身高不匹配，时间久了还会养成宝宝习惯性踮脚尖走路，形成 O 型腿或骨骼畸形。

❸ 穿学步鞋。8 ~ 12 个月的宝宝处在爬行期和学步初期，光脚或穿袜子学步是最好的选择，这样宝宝脚趾能够用力抓地面，有利于感受地面刺激，调整自我，掌握平衡。16 个月后，随着独立走路能力增强，要教导宝宝学习正确步态，抬头挺胸，脚跟先着地，脚尖尽量向前，这时最好有一双柔韧性好、防滑的学步鞋。

❹ 不学爬就学走。如果宝宝不经历爬的阶段或者爬行时间不够，会影响四肢、肌肉、骨骼以及视力发育，脚踝和腰部的力量也不够，易导致宝宝走不稳或摔倒。

做好五个“防止”，注意安全防范

❶ 防止摔倒。宝宝最初练习走路，因为肌肉、神经发育都不成熟，特别容易摔倒，家长一定要注意保护，撒开手时与宝宝相隔约 50 厘米。或者大人指定让宝宝走一定的距离，如从床走到沙发，其间父母要跟着宝宝。

❷ 防止磕碰。宝宝走路跌倒，一般会撞到脸部、后脑勺，家长要将尖锐的东西收好，尖角的地方包起来，有效预防孩子撞伤。

❸ 防止硬拉。在宝宝还没走稳时或者忽然要跌倒时，父母会下意识用一只手去拉孩子，这样很容易导致孩子肩关节脱臼。

❹ 防止呛食。宝宝走路时不要给他喂食，避免宝宝呛食。

❺ 防止鞋子不合适。宝宝在家时最好光着脚或穿着袜子学习走路，出门准备大小合适（穿上后留一手指宽的距离）、鞋底稍硬的鞋子和简单方便

的衣服，方便宝宝行走。

观察走路样态，加强关怀，警惕错误姿势

很多宝宝在刚开始学走路时，会因不适应而出现错误姿势，特别常见的有四种：

❶ 螃蟹姿势，头往前探，两脚朝内；

❷ 鸭子姿势，这种孩子可能是平足，要及早训练；

❸ 西部牛仔姿势，走路时膝盖外扩，像个括号，可能是缺钙或维生素；

❹ 夹着大腿走路，双腿呈“X”形。

家长要注意观察和判断，予以营养补充或专门训练。需要提醒的是，在宝宝走得又快又稳时，他的行走能力得到充分发展，可能会重回父母怀抱，这时大人要适当地抱孩子，而不应该说“都会走了，还让妈妈抱”，让孩子的心灵得到应有的慰藉。如果宝宝 2 岁后仍走不稳，有可能存在病理性问题，如运动协调障碍，需要及时就医。

重点回顾

1 岁多的宝宝处在学习独立行走的年龄，走路成为他最大的爱好，常常拒绝父母抱着，要自己去取东西、走高低不平的路或者踩水洼、爬楼梯等，甚至因此而磕碰摔伤。父母要善于观察，把握住宝宝的最佳学步期，做好安全防范，避免摔倒、磕碰、拉伤等，避免牵着走、学步车等影响正确走路的“坑”。理解宝宝情绪并加强鼓励，选择合适的鞋子和衣物，帮助宝宝做学步练习，及时发现错误走路姿势并予以纠正，在宝宝行走能力得到充分发展后希望抱抱时，予以相应的满足，让宝宝正确地学会独立行走并健康发展。

宝宝 1 岁多了还经常吃手正常吗?

典型情景

萱萱，18 个月，活泼好动，非常可爱，但妈妈发现萱萱经常吃手，一闲下来就把手指塞到嘴里吮吸。妈妈怕脏不让她吃，把手从她嘴里拿出来，萱萱大哭表示抗议。妈妈用玩具逗她，让她用手拿玩具，她把手从嘴里拿出来，可玩了一会儿又把手放到了嘴里。妈妈很苦恼，刚出生几个月的宝宝吃手可以理解，1 岁半了还要吃手，这正常吗?

对照判断

您家 1 岁多的宝宝有下列行为吗?

表现	判断
❶ 经常把手放在嘴里吮吸，强迫他拿出来就会哭闹。	☐
❷ 要么把手往嘴里塞，要么把看见的东西往嘴里塞，好像嘴巴不能闲着。	☐
❸ 不仅吮吸自己的手指，还喜欢吮吸自己的小脚丫。	☐
❹ 爱咬硬一些的东西，比如磨牙棒、玩具等。	☐

面对宝宝吃手指或往嘴里塞东西，您是如何做的呢?

表现	判断
❶ 宝宝已经蹒跚学步，手触摸的东西很多，吃手不卫生，坚决制止。	☐

续表

表现	判断
❷ 宝宝几个月时吃手正常，现在不能再吃了，怕形成习惯被人嘲笑，焦急地提醒并制止。	□
❸ 觉得偶尔吃一下能理解，经常吃说明身体发育有问题，不断去医院检查。	□
❹ 给宝宝准备了磨牙棒、安抚奶嘴等，让宝宝吃其他东西代替吃手指。	□
❺ 宝宝处在长牙期，认为吃手很正常，不需要过多干涉。	□

如果您有上述做法，说明您还需要进一步了解宝宝吃手的行为。

关键知识

1 岁半的宝宝吃手不算异常现象。此年龄段的宝宝还处于口欲期（一般 0 ～ 2 岁），无论见到什么事物，都会通过嘴巴来认知，且大多数宝宝开始断奶，通常会有分离焦虑，如果出现无聊、心里慌乱或需要安慰时，就会出现吮吸手指的行为。

另外，这个年龄段的宝宝开始长乳牙，出牙时牙龈部分比较痒，也会吃手指。宝宝这种吮吸手指的行为是无意识的，是宝宝口欲期心理发展的需要，一般随着年龄增长，在对外界有更多认知，对更多新奇事物感兴趣，能用手和身体探索外部世界后，这种行为慢慢就消失了。但是，如果宝宝吃手很严重或者四五岁时仍经常吃手，家长要引起注意，及时就医检查。

建议方法

允许宝宝吃手指，不强加阻止

对宝宝无意识的正常吃手行为，要给予允许。可以把宝宝的小手洗干净，出门带消毒纸巾帮宝宝做好消毒工作，防止病从口入，满足宝宝吃手的愿望。

心理研究表明，如果宝宝在这个阶段的吮吸愿望得到充分满足，他会安全度过这一时期，进入心理发育的下一个阶段；反之，如果吮吸愿望得不到满足，宝宝的心理会一直停留在这一阶段，出现与年龄不相称的特别吮吸愿望，如 4 岁以上咬人等，影响身心的正常发展。

所以，1 ~ 2 岁的宝宝吃手时，父母不要大惊小怪，可以在无意识中轻轻帮他拿开，多让他用手做其他事情，如陪他做游戏，鼓励他跟其他小朋友玩等，也可以准备磨牙棒、食品级乳胶玩具等，用吮吸物品部分代替吮吸手，逐渐减少吃手现象。注意尽量不要选用安抚奶嘴，1 岁之后经常吮吸安抚奶嘴，对牙齿、嘴巴、耳朵发育都容易产生不良影响。

分析吃手场景，因情施策

不同宝宝吃手的原因差异很大，同一个宝宝吃手的原因也不尽相同。父母要注意观察，分析宝宝在哪种场景下容易吃手，从而采取有针对性的措施。宝宝吃手的原因一般有三种。

❶ 吮吸的需要。这是生理需求，手指成了安慰自己的游戏工具。相对母乳喂养，人工喂养的孩子更容易吃手，这时要给予允许，但可以做一些干扰，逐步减少宝宝的吃手行为。

❷ 饥饿和无聊。如果家长没能及时满足进食需求，宝宝独自玩耍或睡醒了无人理，他会通过吃手来安慰自己、打发无聊时间，这时家长及时处理当时的情境、加强陪伴就可以了。

❸ 缺乏安全感。如到陌生环境，见到陌生的人吃手，可能就是宝宝不适应新环境，激动、紧张、害怕了，这时父母要积极关注和安慰，多抱一抱宝宝，给他讲解当时的情况等。

当然，在出牙期，牙龈发痒时宝宝也会频繁吃手，这时准备一些手指饼、磨牙棒等给宝宝吃，可以有效缓解牙龈不适症状。如果宝宝吃手成瘾或上幼儿园后仍吃手，需要检查是否缺维生素或钙和锌，并及时治疗。

反思进餐情况，纠正不良喂养行为

研究表明，吃饭速度对孩子口腔需求影响很大。吃饭过慢会导致口腔刺激不够，宝宝就会通过吃手满足口腔需求；吃饭过快会导致口腔肌肉群疲劳，宝宝会通过吃手缓解。所以，进餐过慢或过快都是造成宝宝吃手的原因。如果宝宝还需家长进行喂食，家长要注意掌控速度和喂食量，避免满口喂、急着喂、不停喂等问题，不要让宝宝被动地接受食物。家长要在宝宝吞咽完前一口饭，自己移动头、张嘴吃时，再喂下一口。

对 1 岁后的宝宝，家长需要准备宝宝餐椅和宝宝餐具，让宝宝学习自主吃饭，这不仅是让宝宝养成良好饮食习惯的需要，也是保证身心健康的需要。

干扰吃手行为，转移注意力

1 岁多的宝宝已经能理解很多话语，如果宝宝吃手比较频繁，除检查原因消除不良影响外，可以慢慢帮宝宝把手从嘴里拿出来，给宝宝讲解吃手的坏处，给宝宝看吃手伤害身体的图片等，让宝宝认识到这是不好的行为，从而自己改正。

如果吃手不是很频繁，可以转移他的注意力，如看到他吃手对他说："妈妈需要你的帮助，能不能帮我拿下这个东西？""你看这是什么，快来我这儿看看！"带宝宝多玩手指游戏，多做手工，多到户外游戏等，宝宝忙着玩，自然就没有精力去吃手，等到宝宝对更多事物、活动感兴趣后，也许就不爱吃手了。

重点回顾

1 岁多的宝宝仍处在口欲期、长牙期，吃手不算异常现象，且大多数宝宝可能还在断奶，容易引发分离焦虑，宝宝会因生理需求、紧张害怕、饥饿无聊或者长牙等原因而吃手，这时家长不要担心，要把宝宝的小手清洁干净，允许适度吃手。如果宝宝吃手比较频繁，家长要加以重视，判断吃手场景和原因，据情施策，通过讲解吃手的危害、转移注意力等方式，适度干扰吃手行为。对特别严重的吃手问题，需要到医院进行微量元素检查，遵医嘱补充和平衡营养。

如何把握宝宝如厕训练的最佳时间？

典型情景

爸爸下班回家，听到妈妈又在训廷廷："别人家孩子1岁半就会自己小便，你都快2岁了，还老尿裤子，咋就那么笨呢？"廷廷吓得哇哇大哭。奶奶在一旁劝着："宝宝不哭，是奶奶没看好，下次记得喊奶奶。"孩子的哭声、妈妈和奶奶的争吵声搅在一起，家里乱得一团糟。爸爸有点烦，心想廷廷不到1岁时奶奶就开始把屎把尿，说要从小培养孩子大小便，为什么快2岁了还是没学会自己大小便？

对照判断

看一看，您家宝宝在如厕方面是否出现了以下情形？

表现	判断
❶ 不到 1 岁就开始把屎把尿，训练大小便，结果别的小朋友都不尿裤子了，他想大小便时还不知道跟大人说。	☐
❷ 刚会走就准备了小马桶，一遍一遍告诉宝宝大小便要用小马桶，但发现有点像对牛弹琴。	☐
❸ 认为宝宝长大自然会独立大小便，一直给宝宝用纸尿裤。	☐
❹ 妈妈坚持用纸尿裤，奶奶坚持把屎把尿和让宝宝自己坐马桶，妈妈和奶奶经常为此发生争执。	☐
❺ 一旦宝宝出现如厕问题就狠狠训斥一顿，希望他能记住。	☐

如果有以上情形，说明您对宝宝如厕的需要并不了解，请继续阅读。

关键知识

宝宝何时学会如厕跟他的膀胱和神经系统发育有直接关系，只有在他的括约肌发育成熟时，才能自主控制身体和排便。什么时候括约肌发育成熟呢？美国儿科学会的研究表明，大多数婴幼儿在 18 ~ 24 个月会产生自主排便意识，也有部分宝宝发育慢，30 个月才会出现自主排便意识。因此，18 个月后宝宝括约肌发育成熟，才能对宝宝进行如厕训练。在生理机能不能控制自己肌肉活动时过早训练，宝宝掌握不了如厕要领，容易尿裤子，还容易因心理压力形成羞耻、有洁癖、固执等个性。而过晚训练又会因同伴比较产生自卑心理，影响宝宝上幼儿园等正常活动。

有研究表明，18 个月之前就进行如厕训练的宝宝，一般要到 4 岁左右才能掌握如厕技能；而 18 个月后开始如厕训练的宝宝，只需要 1 年时间就可以独自上厕所了。因为个体差异，宝宝如厕训练的时间不是绝对的，当出现这三个信号时，可以考虑进行如厕训练：一是纸尿裤 2 小时以上保持干爽；二是能用语言表达便意，会自己脱裤子；三是对马桶表现出兴趣，对大人如厕感到好奇。

建议方法

留心观察宝宝，把握最佳如厕训练时机

一般情况下，宝宝 18 个月后可以进行如厕训练。但由于宝宝的发育差异，一部分宝宝会比较晚。家长要留心观察宝宝的情况，在有以下五个方面的行为时，可以放心地进行如厕训练：

❶ 对马桶、坐便器感兴趣，会跟着家长进厕所；

❷ 尿布湿了会感到难受，向家长求助；

❸ 基本形成规律的排便习惯，想上厕所时会脸红、走神等；

❹ 能听懂家长的指令，用表情姿势或简单词句表达便意，如说“拉㞎㞎、尿尿”等；

❺ 用纸尿裤时保持 2 小时以上干爽。

这时训练不仅快速而有效，而且家长和宝宝都可以享受生活的乐趣。

做好训前准备，注意情绪放松

如厕训练前的准备包括心理准备和物质准备。在心理准备方面，要给宝宝介绍如何如厕，介绍大小便带来的感受，介绍和示范男生、女生如厕方式的不同及清洁方法等，让宝宝做好充分心理准备。在物质准备方面，可以多给宝宝准备几条小内裤和外裤，便于尿湿后及时更换，准备好隔尿垫，以免尿床后更换床单。还要准备一个儿童专用马桶，把它放在比较显眼的位置，没事的时候让孩子多坐、多玩、多摸，可以借由玩具或绘本吸引宝宝坐在上面，帮助宝宝慢慢建立如厕的安全感。

需要提醒家长的是，如厕训练并不是一蹴而就的事情，宝宝仍会不时出现尿裤子或大便拉在裤子里的现象，这时不要过于紧张，更不能惩罚宝宝，要保持耐心，鼓励宝宝放松情绪，顺其自然。只要如厕训练符合宝宝的意愿和发展水平，就能取得很好的效果。

把握训练步骤，循序渐进学习

开始训练宝宝如厕时，不要指望一步到位，可以循序渐进地进行。

第一阶段：学习表达便意。告诉宝宝马桶是大小便的地方，其他地方不能随意大小便。当父母要上厕所的时候，跟他说明并带他一起去，慢慢宝宝就能明白马桶的作用并模仿成人的活动。这个过程可能会花几周时间，如果宝宝好奇心强，可以让他先穿着衣服坐在自己的小马桶上，把马桶当成一件有趣的玩具。同时，鼓励宝宝学习表达便意的口头语，如“嘘嘘”“嗯嗯”

“尿尿”“便便”等，让宝宝把口头语与便意联系起来。

第二阶段：逐步脱掉纸尿裤。刚开始训练的时候，最好白天脱掉纸尿裤，晚上睡觉继续用，等白天完全不尿裤子后，晚上再慢慢脱掉纸尿裤。父母要有意识地了解宝宝排便的规律，如宝宝每天起床后大概什么时间上厕所，及时提醒宝宝大小便，养成睡觉之前不喝水和排便的好习惯，半夜可以叫起来一次，再慢慢过渡到完全不起夜。刚开始学习时，宝宝很容易弄脏裤子，家长不要大惊小怪，甚至批评斥责，要理解宝宝的练习过程，平和地告诉他：“没关系，妈妈小时候也尿裤子，不过尿湿了很难受，下次早一点告诉妈妈。”在提醒和放松情况下，宝宝会学习得更快，更容易掌握独立上厕所的技能。

第三阶段：培养卫生好习惯。宝宝自己如厕成功后，要教宝宝自己冲马桶，示范并告诉宝宝便后如何洗手，培养卫生好习惯。宝宝做成功了要及时肯定和鼓励，给他长大、独立的成就感，让宝宝对独立如厕更有积极性。

尽量春夏季开始训练，不建议提前把屎把尿

春夏之交的时节非常适合宝宝如厕训练，这个时候宝宝穿的衣服薄而少，裤子穿脱很方便，不会给宝宝带来太大困难，即使尿湿裤子或床，也不太容易着凉感冒。而且春夏天气炎热，一直捂着纸尿裤，容易捂出尿布疹，脱下纸尿裤后宝宝更舒服。

另外，不建议提前给宝宝把屎把尿，原因如下。

❶ 容易造成宝宝髋关节发育不良。

❷ 把屎把尿是按成人意志在做，会让宝宝丧失协调括约肌的能力，容易造成宝宝尿床。

❸ 可能会引起功能性便秘，以及影响宝宝的专注力。

重点回顾

当宝宝出现如下三个信号时，可以开始进行如厕训练。

❶ 纸尿裤 2 小时以上保持干爽。

❷ 宝宝能用语言表达便意，会自己脱裤子。

❸ 宝宝对马桶表现出兴趣，喜欢看大人如厕。

一般情况下，这些信号会出现在宝宝 18 个月后，但宝宝有个体差异，发育慢的宝宝可能 30 个月左右才能进行如厕训练。家长不要过早把屎把尿，要留心观察宝宝的发育情况，做好准备，把握训练步骤和开始训练的季节，注意掌握宝宝排便规律，理解这是一个循序渐进的过程，对宝宝多提醒不斥责，多引导多鼓励，帮助宝宝养成良好卫生和排便习惯。

为什么父母不能随意给宝宝贴标签？

典型情景

鹏鹏，17 个月，不太爱说话，见到生人就往后躲。每次出去见到其他大人，妈妈都会习惯性帮鹏鹏“解围”：“我家孩子怕生、胆小，不敢打招呼。”看到其他孩子在玩旋转滑梯，鹏鹏尝试着想去玩，妈妈会说：“这个滑梯是拐弯的，你胆子小，敢玩吗？”听完妈妈的话，鹏鹏立马就不玩了。爸爸觉得鹏鹏是男孩子，经常对他说：“你是男子汉，要勇敢啊！”“你是男孩，不能胆小！”小小年纪的鹏鹏，不知不觉就被父母贴上“胆小”的标签，您觉得合适吗？

对照判断

在平时带宝宝的过程中，您有过以下行为吗？

表现	判断
❶ 经常帮宝宝解释，如说“我家宝宝很善良，但有点胆小”“这个东西我家宝宝不吃”等。	☐
❷ 在宝宝出现某种行为时，习惯帮他找理由，如说“他今天不舒服，所以不爱说话”“刚才 ×× 小朋友打了他，所以他才大喊大叫”。	☐
❸ 在宝宝面前评判家人并把宝宝也带上，如说“爸爸的手比较笨，宝宝像爸爸，手也笨，算是家族遗传吧”。	☐
❹ 对宝宝偶尔出现的行为作普遍性评价，如宝宝某天走路摔了一跤，就对别人说“我家宝宝走路不稳，特别容易摔跤”。	☐
❺ 很随意地对宝宝说“你一点也不聪明”“这么小就不学好”等话。	☐

如果您勾选了上述行为，不要紧张，大部分父母都有跟您一样的经历，但这是伤害孩子的行为，您可以通过继续阅读来纠正这种做法。

关键知识

家长有意无意随口而说，不经过思考和观察就对孩子确立的一种评价，被称为“贴标签”行为，这种行为在抚养过程中特别容易出现。作为孩子最主要的陪伴者，父母很容易通过表情、语言、动作或语调透露给孩子一些正面或负面评价，父母认为这是随口一说，甚至在某些场合下是为孩子开脱，殊不知这可能会对孩子造成严重的负面心理影响，他会按照这个“标签”的导向，对自己的行为做出改变以符合标签内容。

对 1 ～ 2 岁的宝宝来说，他的认知和判断能力极其有限，自我意识处在发展之中，家长的话具有绝对的权威性，一旦听到父母多次或重复的判断，会在潜意识中认为“我就是这样的”，继而固定思维模式，努力成为标签内容标示的样子。即便看起来是正面的标签，如果不理解宝宝的情绪和心理，也会起到负面作用。所以，父母评价宝宝要尽量就事论事，不要因某件事或某些事简单评价宝宝的人格。

建议方法

学会不给宝宝贴标签，是父母的必修课，您可以参考以下方法。

注意在任何时候，都不给孩子贴标签

父母常常在没有觉察的情况下，因批评孩子的行为而给他贴标签。这时，父母常常没意识或者没觉察，觉得只是很普通、很平常的一句评价而

已。比如，孩子不爱跟其他小朋友玩，就说孩子内向、不喜欢交朋友等。“说者无心，听者有意”，家长无意间的一句话，会让孩子在不经意间记忆下来，从而不自觉地去模仿或靠近。1 岁以上的低龄孩子，对周围环境存在“吸收性心智”，即周围的环境表现出什么，他便可能吸收并习得什么。他的自我意识还很薄弱，理解能力有限，基本没有独立判断能力，对家长的负面描述或消极评价基本没有“免疫力”，家长说得多了，就有可能导致孩子形成固定型思维模式，让他对自己产生不适宜的评价，甚至伴随他的一生。

描述客观事实，不轻易做评价性结论

当孩子出现某种不好行为或做错了某件事时，家长要分析为什么会产生这样的问题。这时要注意客观描述事实，不要急着给孩子下一个评价性结论，更不能轻易贬低孩子的人格和品质。不仅在负面情况发生时应该这样，积极情况发生时也要注意。比如，不能轻易说孩子“淘气”，而要说“你把沙子扬到别的小朋友身上，这是不对的”，也不要总说“你一直都这么棒”，而要说“你把玩具收到了筐里，你做得非常棒”。家长一定要意识到语言的魔力和说话的方式。孩子在成长的过程中难免犯错误，也有很多值得肯定和鼓励的时候，这时要就事论事指出问题或进行表扬，尽量避免简单、空洞地做出人格或品性评价，经常进行人格或品性评价就成了“贴标签”。

思考孩子行为背后的原因，顺势引导

家长要学会抛开表面看本质。当事情发生时，问问自己是否了解背后的原因，然后再发表意见。比如，一个被说成“总是扔东西”“总是撕书”的孩子，可能正处于成长中的动作敏感期，这是他探索世界的一种方式；一个被说成“总是弄坏玩具”的孩子，可能是因为好奇而将玩具拆开，说明他的动手能力和探索能力很强。这样多思考一层，不仅能避免给孩子贴标签，还能顺应孩子的成长规律，鼓励孩子发挥天赋。即便孩子的行为特别让人沮

丧，如孩子在各种场合都胆小，也不要一棍子打死，而要摸准孩子的心理状态，如多带他参加小朋友之间的玩耍，他出现主动交往行为时予以鼓励等，创造合适的场景，给宝宝更多锻炼机会，帮助他逐步做出改变。

减少夸张表扬，谨慎处理负面标签

过分夸大、不切实际的表扬，对孩子来说也是一种“标签”，贴多了会让孩子盲目自信，失去对自己的客观认识，长此以往对孩子也不是好事。所以，一方面，不管正面、负面，家长不要随意给孩子贴标签；另一方面，当孩子被别人贴标签特别是不好的标签时，家长要及时、有针对性地处理，避免给孩子留下不良的影响。如宝宝不跟别人打招呼，对方随口说宝宝“胆小”时，家长可以说：“宝宝这次没有跟 ×× 打招呼，不过没关系，下一次会打招呼的。”

重点回顾

成长中的孩子如同一张白纸，成人裁剪出一个形状，贴上一个标签，很容易对孩子暂时的不良行为进行强化，甚至定型。给孩子贴标签的做法，是典型的固定型思维所致，而孩子是一个动态发展的个体，无论是正面的标签还是负面的标签，都很容易导致负面的效果，甚至遏制孩子发展的无限可能性。

因此，不管孩子大小，都不能不加分析随意给孩子贴标签。家长正确的做法是描述客观事实，思考孩子行为背后的原因，尽量减少夸张的表扬，因势利导帮助宝宝往积极方面发展。如果别人给孩子贴了标签，也要及时处理，防止宝宝因此受到伤害。

亲子沟通与有效互动

1 岁的宝宝是父母的开心果，但也出现越来越多的破坏行为，他可能爱伸手打人，也可能爱发脾气，爱做父母不让做的事情，甚至开始黏着父母。面对这个时期的宝宝，怎么与他沟通和互动呢？请阅读下面的主题。

父母如何对宝宝说“不”

典型情景

涛涛，20个月，自从学会走路后，变得越来越难带，越不让做的事情他越要做。一天当中，妈妈对他说得最多的就是“不”：不要吃手，不要拿妈妈的口红，不要乱扔玩具，不要碰垃圾桶……可是不管说多少次“不”，涛涛根本听不进去，还是不断做不应该做的事。妈妈强行不让做，他就哭得声嘶力竭。妈妈觉得特别心累，到底怎么跟涛涛说“不”才有效呢？

对照判断

想一想，在养育1岁多的宝宝时，您是如何跟他说“不”的呢？

表现	判断
❶ 不管宝宝如何哭闹，只要遇到不合理的要求，就一定说“不”，坚决不纵容。	☐
❷ 看到宝宝的行为不合心意就说“不”，都成口头禅了。	☐
❸ 觉得宝宝不听话今后会很麻烦，每次都不厌其烦地唠叨和重复，希望他能在不断提醒下改正不良行为。	☐
❹ 觉得宝宝还小，他做的事没有太大后果，尽量不说“不”，而是满足他。	☐
❺ 觉得给小宝宝讲道理和说“不”没什么用，每次都强行制止宝宝，惹得他经常哇哇大哭。	☐
❻ 先跟宝宝说“不”，然后一本正经地讲道理，希望他能明白妈妈的良苦用心。	☐

如果您勾选了上述行为，说明您还没有掌握跟宝宝说“不”的技巧，请您耐心往下阅读。

关键知识

1 岁后，宝宝自我意识萌芽，语言表达和动作行为能力飞速发展，需要通过一系列的行动来提高自己的认知。所以，宝宝好奇心特别强，对周围所有事物都好奇，会不断地摸摸这个、动动那个，什么东西拿起来都像是玩具。

但是，宝宝的认知能力非常有限，不知道什么是危险的，也不知道什么事可以做、什么事不可以做，在他为所欲为去做事情时，家长会不由自主地上前制止。这个年龄段的宝宝思维能力有限，不能完全理解大人的指令，更不明白父母讲的道理，简单对他说“不”非但没用，还常常惹得宝宝发脾气或大哭。这是宝宝发育的一个正常过程。

家长要认识到宝宝自我意识和好奇心发展的需要，学习一些正面管教的方法，对他不合理、不正确的行为说“不”，帮他巩固和示范正确的行为，克服任性，体验挫折感，向积极的方向发展。

建议方法

培养宝宝的自主意识，不简单说“不”

宝宝可以独自行走后，独立意识萌芽，有了自己的想法和主意，探索世界的自由度大大增加，家长不要再事事干预和代办，要尊重宝宝的自主意识和行为，努力为宝宝提供安全的可以尽情发挥的行动空间，让他充分地触摸、探索、把玩。如果出现危险或不合理行为，不要简单说“不”，因为当家长对宝宝说“不”“不要”“不可以”时，宝宝对于抽象式的否定词更容易忽略，对后边形象化的内容更加注意，会出现越和他说不要怎么样他就越要怎么样的情况。另外，当正在兴头上被大人叫停时，宝宝会快速陷入迷茫和无助当中，容易产生对抗情绪，哭闹随即而来。所以，制止宝宝的行为时，家长要给予正确的行为导向，如可以说“墙上的插座危险，这个青蛙呱呱叫，想跟你玩呢”，然后把青蛙玩偶展示给宝宝，转移宝宝的注意力。

改掉批评与否定的习惯，学会正面管教

面对宝宝的教育问题，很多时候不是孩子不听话，而是家长用错了方法。否定、抱怨、负面的语言对孩子来说没有任何意义。总对宝宝说“不”，会让他感到被否定但仍不知道如何做，时间长了宝宝就跟着家长学会说“不”。家长应减少说“不”的频率，学会正面管教。

❶ 明确指令，告诉宝宝该做什么，而不是不该做什么。比如，当宝宝大喊大叫时，不能说：“不可以大喊大叫，吵死人了，小声点。”而要说：“宝宝，妈妈希望你用好听的声音说话，这样妈妈就能听清楚了。”

❷ 把批评、否定的话变成积极、鼓励的语言，注重榜样的示范作用。比如，当宝宝不好好吃饭时，不能说：“不好好吃饭的宝宝不乖。”而要说：“妈妈会陪着宝宝一起把饭吃光，除非宝宝不饿了。”

用自然后果法帮宝宝建立认知

当遇到一些特殊情况时，有的父母只是简单粗暴地告诉宝宝不能做，并没有帮助宝宝建立对事情的认知。比如，当宝宝去碰热水杯时，不要说：“不能碰，开水烫。”这种大吼制止可能会吓到宝宝，却不能阻止下一次他还伸手碰热水杯。正确的做法是拉着宝宝的手靠近玻璃杯，让他感受玻璃杯的温度，当因为烫他本能地缩回手时，再告诉他杯子烫不能碰。此时，宝宝会将“烫”和碰玻璃杯联系起来，形成“烫”的概念，下一次就不会触摸热水

杯了。当然，对于用手触摸电源等特别危险的举动，不能采用自然后果法，家长要果断地对宝宝说“危险”，帮助宝宝建立安全边界，让宝宝明白这类事情是一定不能做的。

变“不”为“可以”，给宝宝选择的机会

大多数宝宝都不喜欢被命令的感觉，他们更愿意自己做决定。当自己的意愿被家长制止时，宝宝无法理解为什么会遭到拒绝。例如，宝宝提出要吃糖，家长说“吃饭前不准吃糖”，可能会导致宝宝怒气冲天而大哭一场。如果家长变“不”为“可以”，说“可以，明天吃糖，咱们先吃饭”，孩子就更容易接受。还可以把说“不”变为二选一，给宝宝创造选择的机会，让他感觉自己有“权力”控制局面。比如，让宝宝睡觉时，不说“宝宝不能玩了，要睡觉”，而是说“该睡觉了，宝宝今晚抱小兔睡还是小熊睡？”，将命令改成简单的选择，还有助于培养宝宝的独立性，激发其思考能力。

提前约定规则，逐步说到做到

尽管 1 岁多的宝宝还小，但也可以开始尝试建立规则，用规则来约束他的行为。如宝宝要跟着大人去超市，先商量好去可以买两样东西，不能什么都要。如果宝宝在超市做到了只买两样东西，要及时夸奖他，肯定和强化他的意识。如果宝宝在超市忘了规则，要买三样东西，就要求他从三样中挑选两样，如果他吵闹一定要三样，要耐心说出问题并讲出家长的感受，如说：“咱们商量好了只买两样东西，你现在不遵守这个规则，这让我很伤心。”这样即使最后给宝宝买了他要的全部东西，也能让他慢慢明白一个道理，即他的做法影响了妈妈，妈妈不高兴了，让他逐步学会考虑他人的感受。时间长了，宝宝逐渐就学会遵守规则。

重点回顾

进入自我意识发展敏感期的学步期宝宝，行动范围大大增加，促生了更多的探索愿望。但由于对各种事物理解有限，会产生许多不合理、不正确甚至危险的行为，这时家长不要简单而频繁地说“不”，要在安全范围内培养他的自主意识，变“不”为“可以”等正向语言，给宝宝制造选择的机会，改掉批评与否定的习惯，学会正面管教。

除危险行为要明确禁止外，还可以制定规则，用自然后果法帮助宝宝建立认知，让宝宝知道什么事情能做、什么事情不能做，什么时候能做、什么时候不能做，逐步建立驾驭和调整自己行为的意识。

宝宝总是动手打人怎么办？

典型情景

诚诚，20个月，最近动不动就打人。和小朋友正玩得热火朝天，他突然推别人一下或打别人一巴掌；妈妈正在帮他穿衣服，他一下子揪住了妈妈的头发；小姨周末来看他，抱着玩的时候狠狠地踢了小姨好几下……妈妈尝试着跟他讲道理，让他感受被打的滋味，似乎都没有效果，跑到公园里跟小朋友玩了不到1小时，就把一个小朋友打哭了。孩子突然变得喜欢动手打人，该怎么办呢？

对照判断

不是所有的孩子都会动手打人，您家宝宝出现过以下情形吗？

表现	判断
❶刚过1岁，特别喜欢打人，特别是打妈妈的脸、抓妈妈的头发。	□
❷会无任何缘由地突然打人、抓人。	□
❸别人碰了他的玩具或他想拿别人的玩具，会直接上手打人或推人。	□
❹不高兴或意愿得不到满足的时候，就发脾气动手打人。	□

面对孩子打人的状况，您是怎么做的呢？

表现	判断
❶ 第一时间告诉孩子，打人是不对的，小朋友不可以动手打人，打人不是好孩子。	□
❷ 以暴制暴动手打孩子，让孩子尝尝挨打的滋味。	□
❸ 当别的宝宝打了自己的孩子，教育宝宝要打回去。	□
❹ 认为小朋友之间打闹很正常，既然没有把小朋友打坏，就不用管他。	□
❺ 跟孩子“约法三章”，打人就不准出去玩或吃他喜欢的糖果。	□

如果您勾选了上述选项，说明您对宝宝打人还有错误认识，请认真阅读以下内容。

关键知识

3 岁以内的宝宝“打人”，并不意味着他有攻击性或暴力倾向。这时宝宝的脑部已高速发育，拥有了自己的情绪和喜好，但他的语言能力还没发育完全，一些想法或情绪无法准确地用语言表达出来，遇到不合心意的事情，他不知道该怎么办，也没有控制冲动的能力，又正处在手部敏感期，于是打人便成了宝宝发泄想法或情绪的行为。

哈佛大学斯金纳教授统计，1 岁半前的孩子 95% 都有抠过、挠过、咬过亲人尤其是妈妈的情况，2 岁左右的孩子 68% 会争抢玩具、推人、打人。3 岁半开始，绝大部分孩子才会控制自己的手，个别孩子到 4 岁才能理解别人的痛苦是自己造成的。

小宝宝打人是他成长过程中的一种表现，家长不要恐慌或给宝宝贴上“爱打人”的标签，可针对宝宝打人的情况区别对待，理性处理。

建议方法

看到宝宝突然打人，大多家长都比较着急，希望下面的方法能帮到您。

了解手部敏感期，不随意贴标签

1岁左右开始，宝宝进入手部敏感期，喜欢摆弄东西，出现拽、撕、捏、拧等行为，有时还会出现抠人（抠成人鼻子、嘴、眼睛）、打人等现象，这是宝宝进行手部肌肉练习的方式，打人是无意识的行为。家长不要因此大惊小怪，甚至给宝宝贴上“爱打人”的标签，让孩子感到不被尊重、关怀和理解。正确的做法是鼓励并支持宝宝多用手去探索。如宝宝爱抠，可以提供洞洞书、软泡沫盒等让他抠；孩子爱拍打，就带他拍球、敲鼓等，帮助宝宝锻炼手部肌肉，满足手部发展的需要。当宝宝的探索欲望满足时，他就不会因为要探索而去打人了。

正确解读宝宝情绪，给予正确的示范

宝宝打人尤其爱打妈妈，最喜欢拍打妈妈的脸，因为他并不知道这个动作代表什么，但他最爱妈妈，在妈妈身边有安全感，他有了想法敢于在妈妈身上尝试，如果妈妈出现龇牙咧嘴等强烈反应，他的兴趣会更浓。所以，宝宝打人是因为有想法要表达，但语言跟不上，想说说不出，用手表达又掌握不好力度，结果就成了用打人来引起注意和宣泄情绪。

这时家人不要强调宝宝打人的行为，可以试着理解宝宝的情绪，如问宝宝为什么不开心，即使宝宝不回答也不要紧，让他感受到自己被关心、被在乎就可以。如果宝宝打妈妈，不要惊诧，可以说：“你是不是想摸摸妈妈呀，但你用力有点大，妈妈感觉到疼了。”然后拉着宝宝的手，示范轻轻地摸，告诉他轻轻的，妈妈就不会疼，正确引导宝宝的行为。

不能惩罚，更不要“以暴制暴”，要冷静处理

看到宝宝无缘无故打人，有的家长会比较紧张，有的家长会惩罚孩子，还有的主张打回去，因为“让孩子觉得疼，下次才不会再随便打人”。但是，这种惩罚的方法收效甚微，因为打人并不是宝宝的目的，他无法通过家长的做法领悟到家长的用意，可能还会产生误解，认为打人是一种好玩的游戏，从而强化打人行为。如果“以暴制暴”把宝宝打得很疼，只会让宝宝心灵受伤，甚至强化用“打”解决问题或表达怒气的行为方式，影响宝宝安全感的建立。

家长要冷静处理，坚决制止并严厉告诉宝宝“不可以打人”，然后和宝宝说“你看，×× 被你打痛了，咱们去说对不起吧”，一起向被打的人道歉，宝宝道完歉后，给他一个紧紧的拥抱。

反思自我，把握时机，教会宝宝正确表达需求

这个年龄段的宝宝，喜欢观察并模仿周围人的行为，当宝宝动手打人时，家长要反思自己的一些做法是否欠妥。如果大人会因一些琐事打架，或看打人的影视片，或做打人的动作，宝宝通常会模仿打人行为。这时家长需要树立好的榜样，遇事多沟通、冷静表达，用自己的言行给宝宝示范如何表达。

还有的宝宝，因为语言能力有限，会把“打人”当成友好打招呼的方式。这时，父母可把宝宝的小手轻轻挡回来，跟宝宝说：“你是不是想和小朋友一起玩啊？如果你想和小朋友一起玩，就握握他的手。”或者：“你喜欢哥哥的玩具啊？我们去问问他可不可以借给我们。”当宝宝发现沟通可以解决问题后，就不会打人了。对有情绪要表达的宝宝，可在他冷静后教给他方法，告诉他不开心可以大声地说“哼”，也可以跺跺脚，用“动作＋手势＋语言”告诉宝宝哪些行为可以、哪些不可以。

对这个年龄段的宝宝，如果父母懂孩子，帮助他学会表达和沟通，孩子是不会随意打人的，即使有打人的毛病，也会逐步改掉。

重点回顾

1 ～ 2 岁宝宝出现打人的情况，是因为宝宝自我意识萌芽，手部敏感期到来，想沟通表达又无法实现，只能通过手的动作来表达自己的意图。家长要了解这个阶段孩子的发展特点，不随意给宝宝贴标签，学会分析宝宝打人背后的原因，正确理解和帮助宝宝处理情绪和交往需求，切忌在纠正宝宝打人行为时进行惩罚或“以暴制暴”。要在确保自己冷静的情况下，有效制止宝宝的打人行为，同时要反思自我行为，为宝宝树立良好榜样，把握机会，巧妙处理打人行为，教会宝宝正确表达想法和需求，避免养成打人的坏习惯。

宝宝脾气越来越大，怎么和他沟通？

典型情景

小小，14 个月，脾气越来越大，要什么东西，妈妈必须马上满足，否则就大发脾气，哭闹不止，有时还大喊大叫，通过乱扔玩具、打砸玩具来发泄。妈妈抱他、哄他，他会用手抓妈妈的脸，揪妈妈的头发，妈妈非常头疼。小小脾气这么大，怎么做才好呢？

对照判断

看一看，您家宝宝是否出现了以下情形？

表现	判断
❶ 1 岁以后脾气变得越来越大，稍不顺心就撒泼打滚。	☐
❷ 突然变得特别小气，他的东西不让人碰，碰了就大发脾气，哭个不停。	☐
❸ 一不顺心就发脾气，比如搭积木没搭好，不让大人帮忙，而是大喊大叫发脾气。	☐
❹ 遇到他平时爱做的事情，如按电梯、开开关等，大人帮他做了，就会发脾气。	☐

遇到宝宝大发脾气的情况，您是怎么处理的呢？

表现	判断
❶ 认为不能娇惯纵容孩子，发更大的脾气打压孩子，甚至打他一顿。	☐

续表

表现	判断
❷ 觉得小孩子发脾气是正常现象，笑呵呵等他发完，不做任何处理。	□
❸ 反复跟孩子讲发脾气的坏处，希望他能理解，从而不再发脾气。	□
❹ 与宝宝一起召开家庭会议，试图通过家人共同讲道理让宝宝改掉发脾气的毛病。	□

如果您勾选了上述行为，说明您还需要了解更多有关小宝宝发脾气的知识。

关键知识

随着宝宝慢慢长大，无论他多么乖巧，都会有发脾气的时候。1 ～ 2 岁的宝宝开始有了情绪，他希望身边的人按自己的意愿做事，希望事情能按自己的意愿发展，但他们的语言表达和情绪控制能力有限，一旦不合心意又表达不出来，便会引发急躁、无助等情绪而发脾气。还有个别宝宝，自我中心意识很强，或原生家庭环境有人脾气大，会因感觉自己没受到应有的关注或学着大人表达而发脾气。

总之，1 ～ 2 岁的宝宝好奇、好动，精力充沛，他的智力和动作能力比语言发展得快，很容易表现出冲动、自制力差、不忍耐等行为。尽管他们不是故意发脾气，家长也不能听之任之，要采取适当措施，避免宝宝养成爱发脾气的坏习惯。

建议方法

理解宝宝发脾气原因，合理应对

对 1 ～ 2 岁宝宝来说，发脾气大多有几种情形。

❶ 他心目中的秩序感被打乱，感到心理不适应。如玩具、鞋子要按同样的次序摆放，妈妈要讲同一个故事等，不这样做就发脾气。

❷ 因为要求得不到满足或预期受阻而产生情绪。如没玩尽兴、不愿意回家时会哭，想买玩具不给买时会闹等。

❸ 他常做的事情被别人代劳而发脾气。如开门、开灯、按电梯等，被别人做了就会哭。

❹ 因为能力有限，做不到又不能表达自己而闹情绪。

❺ 身体不适或感觉恐惧、愤怒、无助、受挫等。如午睡醒来没看到妈妈，玩具太高拿不到，没人陪着玩耍等，都会引发孩子发脾气。宝宝不会无缘无故地发脾气，家长搞清楚原因，就能找到合理的解决办法。

学会接纳宝宝情绪，予以关注和爱

面对 1 岁多的宝宝，无论什么原因发脾气，家长都要先接纳他的情绪，共情他产生的伤心、恐惧、无助、愤怒等感受。比如，可以说“宝宝没玩够，生气了，可以哭一会儿，妈妈抱抱就好了”，等他把情绪宣泄完，轻轻地抱抱他，摸摸他的背，让他感受到家长的关注和爱，接受父母的情绪安抚。当然，对于原则性问题，在理解共情的同时，家长不能一味迁就，要坚决说“不”并予以纠正，不能有意无意地强化宝宝的无理取闹行为。但家长也不要杞人忧天，1 岁多的宝宝发脾气大多是阶段性的，他现在爱发脾气不代表以后就是暴脾气，当宝宝被家人充分关注，他的情绪被理解，他的心理得到满足时，发脾气的阶段会很快过去。

鼓励、引导宝宝正确表达，学习解决问题和情绪宣泄的方法

当宝宝因自身条件受限，如手指灵活度低、无法用语言完整沟通，而产生挫败感，又不太懂得求助导致发脾气时，家长要尽量避免孩子一哭闹，就马上代为效劳，而是要鼓励和引导孩子用语言寻求帮助。如宝宝想吃桌上的

饼干却够不着，可以告诉宝宝如何寻求帮助——跟妈妈说“宝宝想吃饼干”，妈妈就会帮你拿，也可以告诉宝宝试试别的方法，如有大人在身边时，搬个小凳子上去自己拿。如果孩子学会正确表达，或者学会自己想办法解决问题，挫败焦虑感变为成就感，就不会发脾气了。家长还要学会听宝宝诉说，帮他把想法表达出来，在他发脾气大哭或摔东西时，如果情况允许，可以让他哭个够，找个能摔的东西让他任意摔打，甚至带宝宝跳一跳、跺跺脚等，让宝宝把情绪宣泄出来。

非原则性问题尽量顺从宝宝，其他问题尝试转移注意力

如果宝宝的行为与父母的意愿不一致，如他要自己穿鞋、自己用筷子、自己洗碗、自己吃饭等，但他不会因此而遭遇危险、疾病时，家长最好能让孩子做主，顺从他的需要，放手让他自己尝试。这样不仅能满足宝宝心理上的需求，还能提高宝宝的自主意识和自理能力。对一时不能满足或者原则性的问题，不要给宝宝讲大道理，他听不懂也记不住，可以利用他注意时间短的特点，迅速转移注意力。如在商场他看到新奇的玩具不走时，家长可以指给他看另一个有趣的场景，他很快就会忘记买玩具的事情。

保持平和，创造一致、冷静的教育氛围

家长千万不要因宝宝发脾气而发更大的脾气，因为往往是家长越发脾气，孩子闹得越凶。家长一定要保持平和心态，如果有几位家人同时在场，不能有不同的处理态度，要保持教育的一致性，不当着宝宝的面争论。如果宝宝脾气特别大，一下子控制不住，最好的办法是将他带到安全的地方，在他看见的地方一直陪着，直到他平静下来。这时，拥抱孩子并谈论刚刚发生的事情，承认他的挫败感并说出他的感受，如“你很生气，因为没买你想要的玩具，六一儿童节的时候，咱们可以去买”。让他看到，一旦用语言表达出来，会得到更好的结果，慢慢地就会表达而不是哭闹发脾气了。

有意识地训练宝宝延迟满足的能力

1 岁以后的宝宝可以适当进行延迟满足训练，从一件件小事做起，让宝宝学会等待，不要让孩子认为，只要是我想要的，爸爸妈妈都会立刻满足。这样一旦不能如愿以偿的时候，孩子就容易大发雷霆。学习延迟满足可从学会“等待”开始，对孩子的一些要求，可以迟一点满足，如“等你把饭吃完，再看动画片”。也可以教宝宝学会“善解人意”，如孩子要求妈妈一起玩时，可以跟他说“妈妈把菜择完就陪你玩，好吗？”，让宝宝看妈妈择菜，懂得妈妈有更重要的事要做。还可以积累奖励，一定时间后给一个大大的奖励，如攒够 10 朵小红花去乐园坐一次小火车等，让孩子习惯在期待中获得满足。宝宝有了延迟满足能力，不仅不容易发脾气，未来还能更好地抵制诱惑，应对生活中的困难、压力和挫折。

重点回顾

1 岁多的宝宝爱发脾气，就像吃饭、喝水一样，普通又平常，是宝宝自我意识、独立思想萌芽的表现。父母不要站在是非道德的层面告诉他对与错，而要看到孩子的需求，看见他的情绪，理解孩子发脾气背后的原因，鼓励和引导孩子用语言表达，学会解决问题和宣泄情绪。

对那些非原则性的问题，可以顺应宝宝的要求，鼓励他发挥自我；对无法处理的问题，可以转移宝宝的注意力。在宝宝发脾气时，父母要保持平静，与家人营造理性、一致的教育氛围。还可在平时有意训练宝宝的延迟满足能力，不仅可以让宝宝学会有效控制情绪，还能有效减少负面情绪的产生。

把宝宝托付给老人，但不住在一起怎么办？

典型情景

宁宁，16 个月，1 岁前都由妈妈亲自照顾，现在单位不让请长假，妈妈不得不重返职场。因为经常加班，妈妈只好把宁宁托付给老人，可老人又没办法住在一起。老人带了 3 个月后，妈妈发现宁宁跟自己不亲了，还出现了一些坏行为，如说脏话、追着喂饭、不爱刷牙等。妈妈既苦恼又犯愁，这样下去宁宁的教育一定会出问题，怎么办呢？

对照判断

如果您家是托付老人一起带孩子的，出现过以下情况吗？

表现	判断
❶ 把宝宝托付给老人，每周去看一次，任凭老人按他的理念带。	☐
❷ 把宝宝托付给老人但特别不放心，每天要打好几个电话，弄得老人有点儿烦。	☐
❸ 把宝宝托付给老人时，给老人制定了详细的带孩子要求，老人做不到就不高兴。	☐
❹ 尽管把宝宝托付给了老人，但怕老人带不好，自己每天都要去帮忙，往返奔波，弄得比自己带还累。	☐
❺ 发现老人带孩子出现很多问题，一遍遍交代老人就是调整不过来，只能跟老人吵、跟先生闹，家里闹得鸡犬不宁。	☐

如果您遇到过上述情况，请跟着我们一起探讨如何解决这个问题。

关键知识

把宝宝托付给老人又不住在一起，由祖辈担当起对孩子教育、抚养的责任，又称隔代教养。由于工作压力、社会竞争及传统文化影响，隔代教养是当代家庭幼儿教育中的一种很自然、很普遍的现象。这种方式可以充分利用祖辈的社会经验和退休时间，既发挥祖辈余热，又解放年轻父母，有很大的可取之处。

但是，相对而言，祖辈的教育理念比较传统，教育方式滞后，一部分老人年事已高或文化欠缺，只能负责孩子的安全、温饱问题，无法胜任孩子的教育问题。如果不得已必须把宝宝托付给老人又不住在一起，导致日常的分工教育也很难做到，父母就需要扬长避短，处理好照顾与教育孩子的问题。

建议方法

万不得已必须把孩子托付给老人又不住在一起的情况下，如何解决孩子的教育问题，希望以下方法能帮到您。

明确做父母的责任，不把孩子完全托付给老人

古训说得好：“至要无如教子。”教育孩子是人生中最重要的事情，是父母无可推卸的责任。1 ～ 2 岁的宝宝处于依恋关系明确期，父母或看护人是他的“安全基地”，他以此为基点去探索周围世界，一旦离开父母或看护人，会表现出分离焦虑。

所以，这个时期的宝宝最需要安全感和父母陪伴，如果万不得已必须托付给老人教养，父母也不能忘了自己的责任，要处理好工作和生活的关系。多抽时间到祖辈处或把孩子接回来陪伴，和孩子一起游戏、读书，给孩子讲

故事、做饭菜，给孩子定规则、教规矩，关心孩子的早教、生活和社交等，保留好孩子的“安全基地”。祖辈代替不了父母的爱，这个时期不培养亲密关系，今后父母很难走进孩子的内心世界，容易导致各种心理、行为等问题，影响孩子终身发展。

分工协作，规划时间，尊重老人，多多沟通

如果必须把孩子托付给老人，可根据老人的特点、能力和父母的情况，做好时间、分工等规划，和老人一起为孩子制定必要的规则，形成生活新规律。如父母以教育为主，老人以养育为主，可以定期视频沟通，定期探视老人、陪伴宝宝等，营造爸妈不能照护，但仍在宝宝身边的家庭氛围，保持教育衔接，维护亲密关系，减少分离焦虑，帮助老人和宝宝建立新的生活规律。

在老人照护宝宝过程中，要明白老人帮着承担了大部分教养责任，应及时向老人表达感谢，更加尊重和孝敬老人，为老人提供一定的经济和家务支持，多与老人聊天，耐心倾听老人在育儿中的困惑、不易和想法，遇事与老人充分沟通，让老人在育儿过程中保持轻松、开放的状态。

主动解决教育分歧，坚决修正错误教养

大多数情况下，由于生活和时代差异等，祖辈和年轻父母两代人在教育上难免存在分歧。年轻父母交往广、见识多，应主动承担解决分歧的责任。

❶ 要看到老人育儿中成功的方面，给予老人肯定和鼓励。

❷ 主动帮助老人学习新观念。如经常和老人聊聊天，用自己的教育理念影响老人；把老人的问题当成自己的困惑，与老人商量解决方法；为老人创造学习机会，引导老人边带孩子边学习，减少理念分歧。

❸ 注意维护老人的威信。不当着孩子的面与老人发生分歧，给老人留足教育孩子的威信。

然而，如果发现老人有宠溺、娇惯孩子等错误现象，一定要及时提醒、坚决修正。可先以提醒方式表明自己的坚决态度，然后与老人商量修正办法，统一思想认识和教育方法后，监督实施。如发现老人追着孩子喂饭，可先提醒老人“孩子自己吃饭不仅仅是吃饱，还能培养自主能力、锻炼手指等，追着喂会让孩子丧失学习机会”，老人理解为什么不能喂饭，知道如何让宝宝自己吃饭后，相信会和父母统一养育观念，让宝宝学习自己吃饭。

重点回顾

隔代教育只能是亲子教育的补充，绝不能替代亲子教育，父母要承担抚养和教育子女的主要责任。万不得已必须把宝宝托付给老人照顾时，要处理好生活与工作的关系，协调好亲子教育与隔代教育的关系，多与老人商量、沟通，明确相应的责任与分工，做好时间规划，让老人和孩子有明确预期，及早形成新的生活规律。

托付过程中，注意多肯定和感谢老人，主动帮助老人学习新理念，让老人心态放松、状态轻松。但是，当发现老人有影响孩子发展的错误教养时，要及时提醒，晓之以理、动之以情，商量沟通，坚决修正。

宝宝太黏妈妈怎么办？

典型情景

睿睿，23个月，在妈妈眼里是甩不掉的“小黏包”，整天围绕在妈妈身边，寸步不离，趴在妈妈身上、躺在妈妈身上、让妈妈抱抱等，吃饭、上厕所都需要妈妈在身边。有时跟小朋友玩得好好的，突然发现妈妈不在身边，就会马上丢下手中的玩具到处找妈妈，找不见就哭。妈妈很苦恼，觉得睿睿太缺乏独立性了，想要狠下心来锻炼他。于是上班前他哭闹装作没听见，下班后刻意晚回家。但一段时间后睿睿更黏妈妈了，还消瘦了不少。妈妈又怜惜又苦恼，该怎么办呢？

对照判断

看一看，您的孩子有下面的现象吗？

表现	判断
❶ 时刻黏着妈妈，妈妈一离开，就用哭闹的方式获取妈妈的关注。	□
❷ 不让妈妈离开，睡觉突然醒来时若看不到妈妈，很容易情绪失控。	□
❸ 玩玩具、吃东西时会时时刻刻注意妈妈的动向，一会儿不见妈妈就哇哇大哭。	□
❹ 在家只让妈妈抱，妈妈出门就要跟着，只要有妈妈在，就不让其他人照顾。	□

如果孩子出现上述现象，面对孩子黏人的行为，作为妈妈，您是怎么做的呢？

表现	判断
❶ 想办法少跟宝宝接触，迫使他摆脱黏人的情况，变得独立，得到更好的发展。	☐
❷ 心生烦躁，觉得宝宝是难带型的孩子，用讲道理甚至斥责的方式对待他的黏人行为。	☐
❸ 接纳宝宝的情绪，理解宝宝的黏人行为，在必须离开时，和宝宝沟通交流，约定什么时候走、什么时候回来。	☐
❹ 一有时间就温和地陪伴孩子，尽量让宝宝有安全感。	☐

如果您勾选了前两个选项，说明您对宝宝黏人的心理现象不十分了解，需要继续学习。

关键知识

1～2岁是宝宝心理依恋强烈时期，这个时期的宝宝希望能从和妈妈的亲密关系中得到安全感，是黏人现象最明显的阶段。他把妈妈看作一个“安全基地”，知道这个人会满足他的需要，是他探索世界的强大后盾，他很喜欢和依赖这个“基地”，因此会用“黏”作为表达自己意愿的方式之一。而且，这个年龄的宝宝大脑负面情绪区域基本成熟，出现了“分离焦虑”——离开妈妈时感到不安，对陌生人采取谨慎与回避的态度等，为保证自己减少焦虑，宝宝就想尽各种方法来黏妈妈。妈妈不要误认为这是宝宝依赖性太强，急着培养他的独立性而把他推开，要理解他建立安全感的需求，跟他建立亲密关系，让他把妈妈当成安全的港湾，这样不但不会损害孩子的独立性，相反能发展孩子的独立性。

在满足宝宝通过“黏”人获得安全感的同时，妈妈可以与他玩一些分离游戏，让宝宝知道和妈妈分开是可以承受的，从而在心理上慢慢学会接受分离。如案例所示，如果害怕孩子不独立而强制推开他，孩子可能会越来越黏人。

建议方法

如果您家的小宝宝过度黏人，您可以尝试下列建议。

不要欺骗和过度担心宝宝，帮助宝宝建立信任感和安全感

宝宝一旦经历过分离的痛苦，就会增加分离时的焦虑。有的家长为了尽快脱身而欺骗宝宝，比如告诉宝宝“妈妈去倒垃圾，一会儿就回来”，而这一走，总是很晚才回家。这会让宝宝对家长产生不信任感，反而会让他更加黏人。还有的家长，过分呵护和担心孩子，总是抱着或护着孩子不敢放手，造成孩子过于胆小，不敢离开家长，由于安全依恋无法建立，孩子也会特别黏人。

因此，不要欺骗或过度担心孩子，父母在每一次需要离开的时候，可以面带笑容对孩子说再见，跟他说说您要干什么，大约什么时候回来。回来后，跟宝宝打声招呼，让宝宝意识到您每次离开都是正常并且是暂时的，给他足够的安全感。而遇到宝宝感兴趣的人和事，鼓励他去尝试和交往，几次下来，他会感觉到妈妈和环境是可信任的，恐惧和不安全感消失，就会不那么黏人了。

引进“其他人”，扩大宝宝的依恋对象范围

宝宝比较小时，会黏着自己的主要照料者。因此，家庭中的其他成员也要尽量和孩子多接触，如多跟孩子一起玩游戏，建立一种融洽的亲子关系，让他知道，除了主要照料者外，在其他家庭成员身上同样可以建立这种安全感。待宝宝再长大一点后，要带他多去外面转转，多与家庭成员以外的人接触，尤其是同龄的小朋友，让孩子在陌生的环境中学会与人交往，提高适应能力。主要照料者可以适当与宝宝分离，让宝宝不总是黏着一个人，而是与其他家人也建立健康的信任感和依赖关系，这也有利于帮助宝宝学会克服分

离带来的恐惧。

带宝宝外出，拓展生活空间

宝宝很容易被新事物所吸引，家长要多带他到他喜欢的地方去，让他感受自然、感受社会，陪伴他在草丛里找小昆虫，引导他观察小蚂蚁搬家，鼓励他与其他小朋友玩耍、交流，让他多接受陌生环境的锻炼和考验，及早步入“同龄小社会”。一旦宝宝做得好或与新朋友相处愉快，要及时给他鼓励，让他从外出活动中找到乐趣。这样，宝宝就很容易被周围各种有趣的事物吸引，依恋情绪比较容易转移。特别是 1 岁半以后，要有意识地为宝宝创造一个从家庭走向外界的过渡期。

高质量陪伴，在陪伴中培养独立性

如果宝宝出现黏人现象，父母首先不要自责，也不要自己先焦虑，而是要反思和改变以往的带娃方式，充分利用和宝宝在一起的时间，多和孩子讲故事、玩耍，每天都有充满爱的肢体接触，例如与宝宝抱抱和亲亲、嬉戏打闹，全心全意地关注宝宝，让他知道父母多么可靠，多么愿意和他在一起。在建立这种安全依恋后，有意识地让孩子一个人玩，培养他独立游戏的习惯。比如，告诉宝宝您要去一下洗手间，让他把几块积木搭起来，离开一会儿后您再回来陪他搭积木。让宝宝由短及长，逐步学会一个人玩耍，适应与父母短暂分离，逐渐认识到“分离”并不意味着“失去”，不再有失去的恐惧感。

如果只是过度担心宝宝黏人的行为而没有有意培养孩子的安全依恋和独立性，不给孩子提供独立活动的空间和时间，不相信孩子，结果反倒容易让孩子形成“过度依恋”。

重点回顾

宝宝在这个年龄段，对安全感有很大的渴求，会十分依恋他的主要照顾者。父母要正确看待宝宝的这种焦虑，不责怪宝宝，也不要自责，要提高陪伴质量，通过承认和接受这种行为来帮助孩子度过黏人时期。实际生活中，可引进“其他人”，扩大宝宝的依恋范围；每天拥抱和亲吻宝宝，让他拥有更多安全感；多带他外出玩耍和探索，帮助寻找他感兴趣的事物和人；在玩耍中有意培养他的独立性，放手让他完成力所能及的事等。

但是，爸爸妈妈千万不要欺骗或过度担心宝宝，要多跟宝宝沟通，相信他的能力，保持平和心态。只要家人做法正确，一段时间后，宝宝自然就不那么黏人了。

促进孩子学习与交往

游戏是 1 ～ 2 岁宝宝的主要学习方式，如何通过游戏促进宝宝智力发展？宝宝的视觉、听觉都处在发展的关键期，如何有意识地培养他的视觉辨识力和听觉分辨力？如何让宝宝养成良好的作息习惯？让我们带着这些疑问，走进 1 ～ 2 岁宝宝的学习与交往世界。

如何通过游戏促进宝宝智力发展？

典型情景

展展，16 个月，已经学会走路和说日常词语，喜欢乱涂乱画、爬上爬下，会把积木摞起来，能跟着妈妈念简单的儿歌……看着活泼可爱的展展，妈妈翻阅了许多育儿书籍，发现书中有一个共同建议，即应该多陪这个年龄段的宝宝做游戏，以促进宝宝的智力发展。那么，怎么陪宝宝做游戏呢？

对照判断

想一想，在陪伴宝宝做游戏方面，您有如下问题和困惑吗？

表现	判断
❶ 宝宝不按规则玩，一不高兴还摔玩具，无法达到预期的教育目的。	☐
❷ 每次陪玩，宝宝都把玩具一个个拿出来，但每个玩具玩一下就不玩了，何谈开发智力。	☐
❸ 给宝宝买的都是益智玩具，希望他从小开发智力，但宝宝根本不爱玩。	☐
❹ 家里有各种自动化、“高大上”的玩具，但宝宝一点都不喜欢，偏偏要玩水、玩沙子、玩泥巴等低级游戏，每次都弄得一身脏。	☐
❺ 总想在陪宝宝游戏时教他数数、记物品、背古诗，但每次都教不下去。	☐

如果您选了上述选项，说明您需要了解如何通过做游戏促进宝宝的智力发展。

关键知识

1 ~ 2 岁是宝宝智力发展的飞跃期，是高级神经活动建立和健全的时期，站立行走使他的视觉、听觉、触觉、味觉等感官发育完善并广泛接收环境信息，在大脑皮层进行综合分析后做出反应，建立起语言文字这种人类特有的第二信号系统，这便是宝宝智力发展的基础。因此，想要宝宝智力发展得好，就需要给他充分的、适合他的外在刺激甚至训练。

学前教育家陈鹤琴先生说："游戏是孩子的生命。"玩是孩子的天性。对 1 ~ 2 岁的宝宝来说，给他准备适宜的玩具，陪他一起做各种亲子游戏，让他和小朋友一起游戏，陪宝宝进行亲子阅读等，都是宝宝喜欢的游戏方式，也是帮他丰富外界刺激、建立牢固大脑链接的方式，能让宝宝变得越来越聪明。

建议方法

游戏是小宝宝学习的主要方式，家长要理解不同年龄段宝宝的游戏特点，学会陪玩。

根据宝宝思维发展特点，选择合适的游戏

1 ~ 2 岁的宝宝处在直觉行动思维发展阶段，主要利用直观的行为和动作解决问题，通过伸手和抓握等动作开始注意到物体的空间关系，然后逐渐超越直接的感知和运动，发展起具有先后的时间维度概念。他已经能对因果关系做出初步判断，开始理解目标和手段的关系，获得了"客体永久性"概念，能模仿不在眼前的行为并表现出明显的目的性。

根据这种思维特点，父母可选择如下适合他的游戏：

❶ 语言游戏，用简单语言描述或重复语言的游戏，如学小动物叫、我说你做、念儿歌等；

❷ 专注力培养游戏，做游戏时需要全神贯注，如走直线、听歌拍手、藏宝、串珠子、分豆子等；

❸ 精细动作发展游戏，主要是用手指做的游戏，如捏夹游戏、手指画、捏泡泡、撕纸游戏等；

❹ 跑跳游戏，如投篮、踢球击瓶等。通过语言、动作和活动综合刺激大脑神经，促进宝宝智力发展。

“陪”改“和”，营造自由状态

“陪孩子玩”与“和孩子玩”只有一字之差，内涵却差之千里。“陪”字或多或少体现着家长的自我牺牲和高一等级，“和”字则表现出两个平等主体间的互动。

诚然，大人的能力和孩子的能力不在一个等级，对孩子喜欢做的事情，大人很难有那种全心投入的状态，因此“陪孩子玩”时，家长常常站在照顾孩子的角度，会更关心孩子热与冷、需不需要喝水、安不安全这样的问题，从而忽略孩子内心的感受。

而“和孩子玩”，需要家长全身心投入，以孩子的身心和自由状态参与到孩子的世界。家长不仅要了解孩子的外表特征，更要体会他内心的渴望与需求，成为孩子真正的玩伴，与孩子一起摸爬滚打、嬉笑斗嘴，不带目的或目标性，无所谓故意认输和事先设计，听从自己的本心，让自由的状态带动自由的游戏方式，能激发起孩子更大的兴趣。

了解常见游戏种类与玩法，变换花样玩游戏

1～2岁的宝宝走路已稳，开始学习跑，手更加灵巧，说话词汇增多，喜欢模仿，勇于探索。和他们玩游戏，要由易到难循序渐进，可以尝试以下

游戏。

❶ 训练感官的游戏。如“听听说说”，主要培养孩子的语言能力，成人可以运用音乐、绘本等辅助工具与孩子进行交流，鼓励孩子学说、学唱，同时避免使用重叠词“吃饭饭”“睡觉觉”等，教会孩子正确的用词。

❷ 锻炼精细动作的游戏。如“捡豆子”，主要锻炼宝宝二指捏的能力，同时帮助宝宝认知大小、颜色，提高手眼协调性。成人可以找绿豆、红豆、黄豆、花生、大米等大大小小的不同物品，让宝宝从大到小一个一个排列起来，或者从大到小捡起来放到另一个盆里，还可以让宝宝挑出不同颜色的豆子。这类游戏包括按颜色分珠子，捡豆子，舀乒乓球、珠子、豆子，单、双手拧螺丝，夹豆子，串珠子，挑小棒，插棒，套珠，按图案拼图形等。

❸ 大运动和感统训练游戏。如“吹泡泡”，主要是提高身体平衡感，可以让宝宝站立，双手放在嘴前假装吹泡泡，同时念：“吹泡泡，吹泡泡，吹了一个大泡泡，哟！泡泡吹炸了，嘭！”并随着歌词做动作。这类游戏还有荡秋千、玩跷跷板、跳跃、旋转、翻滚、吊单杠、骑三轮车、拍球、玩球池、玩沙子和黏土等。

❹ 训练记忆力的游戏。如“找东西”，可以找宝宝平时喜欢玩的玩具和生活用品，把它们散落在桌子上，告诉宝宝要记住，然后用布盖上其中一个玩具，让宝宝说一说哪个玩具不见了。

❺ 培养自理能力的游戏。如“我会……了”，主要培养宝宝观察、探索能力和生活自理能力，创造孩子接触外界环境的机会，让孩子认识新的亲戚朋友，鼓励宝宝与同龄人交流，鼓励宝宝自己洗手、收拾玩具等。家长在和宝宝玩游戏的过程中，要引导宝宝交叉玩不同形式、不同种类的游戏，让宝宝各方面得到有效刺激，实现全面发展。

根据宝宝兴趣爱好，学会创编游戏

这个时期的孩子对外界环境非常敏感，他有可能注意到任何一样东西甚至产生兴趣，这种兴趣有时毫无理由，也看不出动机，不过一旦他喜欢上，就会非常投入地研究。根据这种特点，家长要注意观察宝宝的兴趣爱好，将其作为载体或素材随机创编游戏，只要能满足宝宝的好奇心、探索欲，满足宝宝对亲人依恋的心理需求，能练习手眼协调能力、对语言的理解能力、对物体的认知能力以及大运动能力等，都是促进智力发展的好游戏。

重点回顾

1～2岁是宝宝智力发展的飞跃期，宝宝通过游戏促进智力发展。“游戏是孩子的生命”，家长要抓住这个特点，根据宝宝思维发展特点选择适合的游戏。在游戏过程中，注意全情投入，并保证游戏的多样性，要和宝宝一起游戏，而不是简单陪宝宝游戏。游戏过程不要太有目的性或目标性，营造自由放松的游戏状态，让宝宝愿意与家长一起玩。家长还可以观察宝宝的兴趣爱好，根据兴趣爱好自主创编游戏。

如何提高宝宝的视觉分辨能力？

典型情景

乐乐，21个月，正在学习认识颜色和大小。妈妈拿出红色的积木，问乐乐是什么颜色，乐乐脱口而出“黄色”。反复三次，乐乐都回答错了。妈妈又拿出一个大的蓝色皮球和一个小绿色皮球，问乐乐是什么形状，这次乐乐答对了。妈妈又问，哪个皮球大呢？乐乐指着绿色的皮球说“这个”。看着乐乐的状态，妈妈焦急万分，这孩子是智力有问题，还是视觉发育比同龄人滞后呢？

对照判断

看一看，您在教孩子的过程中，遇到过下面的问题吗？

表现	判断
❶ 孩子分不清红、黄、蓝、绿这些基本颜色，怎么训练都无济于事。	□
❷ 能分清基本颜色，可一旦与大小、形状组合，就一团糟了。	□
❸ 喜欢玩拼图游戏，但每次都有一两块拼错，总也拼不出完整形状。	□
❹ 叫孩子指认图片上的日常物品时，他常常“指鹿为马”。	□

您知道视觉分辨能力吗？遇到上述问题您是怎么处理的？

表现	判断
❶ 不知道视觉分辨能力，但反复教孩子指认颜色、大小等，不相信他学不会。	☐
❷ 认为锻炼视觉分辨能力是大孩子的事，宝宝还小，不需要锻炼，颜色、大小这些长大自然就会分辨了。	☐
❸ 不清楚什么是视觉分辨能力，但看到别的家长教孩子认识颜色、大小、形状，自己也照猫画虎，遇到孩子做不对就非常苦恼。	☐
❹ 每次孩子认不清颜色、拼不出拼图或积木，就狠狠惩罚他，直到他记得住、认得出。	☐

如果您有上述教孩子的经历，说明您需要进一步了解小宝宝的视觉发展特点。

关键知识

视觉分辨能力是指人利用视觉来区别环境中的人、事、物的形象、形状和符号的能力，是影响孩子学习的重要因素，随着孩子年龄的增长而提高。

12 ～ 18 个月是宝宝视觉分辨异同的敏感期，此时他眼睛的成像功能发育成熟，可以玩一些精细的玩具或物品。宝宝开始能辨别红、黄、蓝、绿等基本颜色，能区分细小的东西，如爬行的小虫、蚊子等，能注视 3 米远的小玩具，还能区别不太复杂的形状，例如不同的圆形、三角形、方形等，是训练宝宝视觉分辨能力的起始阶段。

这个时候给宝宝大量可触的视觉刺激，让他多看近距离的东西，多玩各种类型的玩具，多看图大字少的绘本等，可以促进宝宝视觉神经更好地发育，增强视觉对颜色、形状、符号的分辨能力。这将直接影响宝宝未来在阅读、书写方面的能力。如果到了入学年龄没有习得正常的视觉分辨力，孩子进行抄写、阅读等学习活动时会力不从心，或者对图形的细微差别观察不出来。

建议方法

根据视觉发育特点，训练宝宝对颜色、大小、形状、位置的辨识

1 ～ 2 岁的孩子特别喜欢由眼睛引导的手部活动，喜欢接触新事物，手眼协调能力快速发展，这个阶段是训练辨识颜色、大小、形状、远近的最佳时期。

❶ 辨识颜色。主要辨识红、黄、绿、蓝基本色，原则上每周只学一种颜色，学习时只提供该颜色的刺激物。这时宝宝可能说不出颜色的名字，家长不必强求，只要让他直观、感性地知道颜色是物体的一种属性，能在不同颜色中找到相应颜色的物体就可以了。

❷ 辨识大小。这个阶段宝宝的眼睛能看清物体了，喜欢识别大小，而且偏好大的东西，家长可以给孩子两个大小不同的同类事物，让宝宝通过看、摸来比较大小。待宝宝能熟练比出大小时，再提供形状不同且大小差异明显的物体让宝宝比较，然后提供差异不太明显的同类事物若干个（3 ～ 5 个）让他来分辨。

❸ 辨识形状。一般先认识圆形，再认识正方形、三角形，待宝宝掌握后，可以摆出几种自制的形状让宝宝指认。

❹ 辨识远近、高低。这个年龄段宝宝的视觉广度与速度比 1 岁前好多了，他能够追踪运动的物体，并开始把来自两眼的有一定视差的视觉信息进行整合，从而形成立体视。这时可准备各种套圈、套盒、积木、串珠来供宝宝练习。让宝宝做力所能及的事，例如自己拿勺吃饭，自己拿杯喝水等，将动作与视力结合起来，锻炼手眼协调能力。

引导宝宝多玩视觉辨别小游戏，鼓励宝宝的辨别行为

适合 1 ～ 2 岁宝宝玩的视觉辨别游戏主要有如下几类。

❶ 指认游戏。家长随机说一个家里的物品，这个物品必须是宝宝认识

的，让宝宝指出在哪里或者拿过来。

❷ 镶嵌游戏。提供简易的几何积木嵌入、套碗等，可以让宝宝随意玩耍，不要求宝宝做到正确镶嵌或者套叠，宝宝会在操作中感受物体的大小。

❸ 配对游戏。比如帮妈妈整理袜子，在一堆袜子中找到自己的袜子，或妈妈拿给宝宝一只袜子，让宝宝根据线索找到另一只袜子。

❹ 拼图游戏。购买适合的大拼图，让宝宝练习观察和拼接能力。在游戏过程中，要注意欣赏和鼓励宝宝，当宝宝察觉到事物之间的不同或相同，最终完成游戏时，一定要表现出欣喜，让宝宝意识到自己很棒，这样他就更愿意用心地观察世界，更加细致地辨别事物间的不同。

多带宝宝观察，鼓励宝宝说出自己的发现

1 岁半～2 岁时，宝宝进入细微事物敏感期，他对细小的东西和探索“小洞洞”充满兴趣。父母要多给宝宝创造观察的机会，如带宝宝到户外游戏，让他看一看花草、树叶、动物，摸摸树皮的纹路、石头的质感，闻一闻花朵和泥土的清香，给他讲讲花草树木和小动物的名字和特点，让他说出花、草、叶的颜色、形状有什么不同，树皮、石头像什么形状，并收集大自然的花草和树叶，共同制作自然拼画，通过观察和游戏发展视觉分辨能力。

问问、看看、讲讲，在图画共赏中提升分辨能力

为宝宝挑选图大字少的优秀图画书，让他对书中的图画产生兴趣，每天保证一定的亲子共读时光。家长可以根据宝宝的爱好，问问、看看、讲讲，用问题引发宝宝观察画面的兴趣，有目的地分析和辨别画面，提高对图画的观察与辨识能力。还可以多为宝宝提供欣赏艺术家的儿童绘画作品的机会，培养他对色彩、线条、形状、形式的敏感度，激发想象力和灵感，欣赏异想天开，通过颜色、表情、情境变化等的识别，提高宝宝的视觉分辨能力。

重点回顾

视觉分辨能力是孩子阅读、书写等活动的前提条件，培养视觉分辨能力的关键是后天练习。1 岁后的宝宝，视知觉发育集中在认知方面，他逐步能辨识基本颜色，认知物体的形状、大小和位置，能区分物品不同的地方。要根据这个特点，有意识地训练宝宝辨识颜色、大小、形状和位置的能力，引导宝宝多玩指认、配对、镶嵌、拼图等提高视觉分辨能力的游戏。

同时，抓住宝宝处在细微事物敏感期发展阶段的特征，多给宝宝提供观察细微事物的机会，并鼓励他说出自己的发现。

还要多给宝宝提供图大字少的图画书，带宝宝欣赏艺术家的儿童绘画等，让宝宝感知图片的色彩、线条、形状、形式等，给予足够的视觉刺激，全方位培养视觉辨识能力，为今后的入学打下基础。

怎样提高宝宝的听觉敏感度？

典型情景

菲菲，19个月，说话吞吞吐吐，吐字不清，似乎总也说不完整一句话。教了多少遍，也说不清楚家里的家具和电器的名称，经常混淆门铃声、电话声，甚至妈妈的手机铃声。妈妈特意为她买的音乐发声玩具，她一点兴趣都没有，拨弄两下就不玩了。播放音乐或教她唱歌，她也不喜欢跟着唱。妈妈既担心又困惑，这孩子是不是听觉有问题，如何提高她的听觉敏感度呢？

对照判断

您家的宝宝是否有以下行为呢？

表现	判断
❶ 对声音不敏感，从没见他配合声音有节奏地做动作。	□
❷ 喜欢听清晰缓慢、简短重复的话语，对他稍微快点说话他就着急。	□
❸ 不喜欢摆弄发声的玩具或材料，也不喜欢听音乐和儿歌。	□
❹ 听大人说话时会表现得心不在焉，有时说好几遍也记不住。	□
❺ 对大自然的声音没有兴趣，分不清各种小动物的叫声。	□

如果您家宝宝有上述行为，说明他的听觉敏感性可能有问题，您需要引起注意并适当采取措施进行改善。

关键知识

整个 0 ～ 2 岁阶段，宝宝都处在听觉敏感期，其间宝宝对声响会有反应，对不同材质的音色也很感兴趣。1 岁半后，能区分门铃、电话等不同物体发出的声音；2 岁左右，宝宝开始有听觉记忆能力，可简单与家人交流。

随着年龄增长，各种声音刺激不断发生，宝宝辨别不同频率及音量的能力增强，听觉敏感度越来越好，能在安静的环境中分辨更细微的声音，也能在同一环境的多种混杂声音中分辨不同的音质，对同一音质分辨音量大小等。这段时间，家长要给宝宝更多听觉刺激和训练，帮助宝宝发展更加敏锐与全面的听觉能力，为入学后的倾听、听到和听懂做准备，促进语言能力和智力的发展。

建议方法

宝宝在母体内就能感受到声音，1 岁后听觉能力提高，1 岁半后具有听觉辨别能力。这是一个循序渐进的过程，家长要注意观察，并给予适当的刺激。

创造环境，让听觉与视觉刺激同时进行

1 岁多的孩子处在听觉敏感期，也处在视觉敏感期，视觉刺激与听觉刺激同时发生，不仅能提高宝宝反应的灵敏度，还能使听觉和视觉协调发展。父母可以在宝宝面前展示各种能发出声音的物体，并在家里玩体验游戏，让宝宝看到物体并听到它的声音。还可以用各种发出声音的、色彩符合宝宝发展阶段的玩具吸引宝宝，比如带音乐的汽车、会发声的仿真动物玩偶、芭比娃娃、玩具乐器等，让孩子把视觉、听觉统合在一起，增强玩耍兴趣，促进

感官多重发展。

关注生活中的声音，多跟宝宝说话

让宝宝有意识地接触与日常生活有关的一切声音，如关门声、流水声、洗碗声、物体碰撞声、汽车声、风吹树叶声等，让宝宝通过日常生活中反复出现的声音感受真实生活，增加对声音的敏感度和辨识力。还要根据宝宝的生活需要多跟宝宝说话，如吃饭时给宝宝讲所吃的菜肴，穿衣时描述衣服的颜色和舒适度，带宝宝出去散步时讲解看到的街景，让宝宝把语言与生活事件联系起来，增加对声音和话语的兴趣。还可以在带宝宝玩时，捡拾一些安全的可以制造出声音的物品，如秋天的干树叶、光滑的小石子等，与宝宝一起用这些物品玩出不同声音。

有意训练，帮助宝宝提高听觉敏感度

听觉、视觉等感知觉是可以通过后天培养的。在听觉敏感期，可对宝宝进行听觉的有意训练，如将生活中的风雨声、敲门声、狗叫声、猫叫声等录下来，放给宝宝听，并逐一加以说明，训练孩子对日常生活声音的分辨能力；有意在不同的方位向孩子发出声音，通过游戏（如躲猫猫）让孩子寻找声源，训练孩子的方位听觉；有目的、有计划地对孩子讲话，如充满感情地给孩子讲故事，突出声调的变化，如欢乐的、惊喜的、悲伤的……注意使语言富有变化，充满感情色彩，训练孩子对语言的分辨能力，等等。

如果发现宝宝某方面的听觉能力弱，还可以多一些这方面的训练。另外，不要给宝宝提供过于安静的环境，可以故意制造一点适当分贝的噪声，锻炼孩子的听力，如开着电视对宝宝讲话，锻炼听觉专注力。

播放宝宝喜欢的音乐和儿歌

1 ～ 2 岁的宝宝，开始应和着音乐舞动身体，或跟着音乐简单哼唱。

可以创造良好的音乐环境，多与宝宝进行音乐互动，让宝宝多听喜欢的音乐、歌曲、儿歌等，并试着学唱、学跳等，尤其选一些歌词中包含宝宝熟识事物名称的歌曲，让孩子在听的过程中加深理解和记忆，同时提高听觉分辨力。

重点回顾

1 ～ 2 岁的宝宝处在听觉敏感期，宝宝接受的听觉刺激越丰富（超强和不正常刺激除外），听觉敏感度越好，能促进宝宝听觉能力和智力更好发展。为此，家长要创造环境，让听觉和视觉刺激同时发生，引导宝宝关注生活中的声音并多跟宝宝说话。

还可以根据宝宝的特点，进行有意识的声音训练，播放宝宝喜欢听的音乐、儿歌，带着宝宝一起哼唱和舞蹈等，增加宝宝对声音的感知、体验和兴趣，及早丰富和提高宝宝的听觉敏感度。

如何为宝宝选书和读书？

典型情景

夏宇，17个月，喜欢的书一直在变化。1岁时曾着迷于一套洞洞书，前两个月对知识启蒙类图片发生兴趣，最近天天缠着妈妈给他读有趣的绘本。看着夏宇不断变化的阅读兴趣，面对书店和购书网站上林林总总的童书，妈妈不知道怎么为他选书，有时候按照育儿“大咖”推荐的购买，夏宇却根本不喜欢。怎么少花钱又买好书呢？

对照判断

在给宝宝选书、读书方面，您有下面的情形吗？

表现	判断
❶ 跟着宝妈群里的讨论选书，别人买什么，自己跟着买。	□
❷ 觉得孩子的兴趣不停在变，不知道选择什么样的书合适。	□
❸ 买书时带着宝宝让他自己挑，但买回来后他总是翻两下就没兴趣了。	□
❹ 听专家建议每天给宝宝读书，但他专注力很差，听一会儿就要玩其他的。	□
❺ 坚持读书一段时间后，发现宝宝根本不听，感觉宝宝太小了还不适合阅读。	□
❻ 认为宝宝听不懂，偶尔给他读读随手拿到的一本书。	□

如果您有上面的认识和想法，说明您还需要深入了解阅读对孩子的重要意义。

关键知识

1～2岁宝宝正处于感知、探索的启蒙期和语言学习敏感期，对周围事物充满了好奇，想独立支配环境的愿望变得强烈，是认知记忆发展的第一个高峰期，也是扩大词汇量、发展语言能力的重要时期。

这一时期的宝宝能接受物体启蒙类图片，喜欢与自己生活相关的书，喜欢让父母重复读同一本书，喜欢翻书、戳书上的洞洞等，是开展亲子阅读、进行阅读启蒙的最佳时期。家长如能经常给宝宝读他喜欢的书，利用指认阅读的方法，2岁时宝宝的词汇量能增加到250组左右，而且能培养孩子对阅读的兴趣。

建议方法

如何让小宝宝爱上图书，请您试试以下方法吧。

根据宝宝的认知特点选择图书

1～2岁是宝宝感知觉发展的重要阶段，他的学习方式主要是模仿，他能根据事物的外部特征辨认物体，能通过分类加深对形状概念的理解，能在身边的物品中找到相同的形状，能分辨红、黄、蓝、绿等鲜艳的颜色。为此，要挑选能够提供更多视觉、触觉、听觉刺激的图书，可以选择具有以下特点的图书。

❶ 图多、字少、有趣、画面感强的绘本，所描绘的对象清晰明了，孩子一眼就能辨别出来；

❷ 用熟悉的语言和重复的文字讲述简单故事的书，让宝宝感受语言的韵律、声音的节奏；

❸ 内容好理解、符合宝宝兴趣、与宝宝生活内容相关的书，如进餐时间、蔬菜水果、爱和情绪、常见动物等；

❹ 形式有趣、不同材料和触感的书，如洞洞书、立体书、翻翻书、玩具书、会发声的书等，有些小机关可以吸引宝宝，有些可以帮助宝宝发展触觉；

❺ 材质安全的书。

书不在多，渐进式一批一批购入

这个阶段的宝宝喜欢重复阅读，如果喜欢一本书，会经常翻来覆去地看，反复接收这些词汇量，一本书看一周，看八遍十遍也不算多。因此，所购图书不要太多、太杂，因为宝宝认知能力非常有限，不要依赖宝宝自己选书，可根据他的认知特点和喜好，一次买一个系列或一辑，一批一批购入，这样给宝宝阅读时知识系统性比较强。

如“我的第一本启蒙认知书”系列，分《神奇的百科》《可爱的动物》《奇妙的常识》《颜色形状数字》四本，涵盖知识全面；“小熊宝宝”系列，包括习惯养成、社会交往、情绪管理和公德心培养，涵盖各类生活场景。不仅如此，同一系列的书场景、任务、故事主线相同，容易给宝宝一种“这是我的小伙伴”的感觉，他的存在感更强。如“小猪佩奇”系列双语绘本，加上配套动画视频，宝宝百读不厌。

以读图为主，把书当玩具，让孩子觉得书很好玩

对这个年龄段的宝宝来说，书就是玩具，他阅读时还是以看图片为主，文字内容是其次的。给宝宝读书主要是看图讲故事，要先让他看清楚图的内容，再慢慢讲解文字，书的情节不重要，重要的是要有好的节奏和韵律，以

及大量的重复。不能只读书上的文字，这对学习语言帮助不大，也不利于培养宝宝的想象力。阅读的过程中，让宝宝自己翻书，如果他跳过几页，甚至倒着看，都不要制止或纠正，只要他愿意读就行，要让他把书当成玩具，充分享受和书在一起的乐趣。

陪宝宝读书，还要记得放慢语速、稍作停顿，观察宝宝是否能跟上故事情节。对读了很多遍的书，可引导宝宝把书中内容与生活相结合，描述他所看到和想到的。如果书的故事情节性很强，可以用夸张的表情和语气语调，吸引宝宝的注意力，强化宝宝对故事情节的印象。

需要注意的是，1 ~ 2 岁尤其是 1 岁到 1 岁半的宝宝，还处在沉默期，他需要的是大量的倾听，家长千万不要用书的内容去“考”孩子。

帮助宝宝爱上阅读，养成阅读好习惯

阅读习惯可以从小培养。

❶ 允许宝宝玩书，保护宝宝的阅读兴趣。宝宝的阅读兴趣往往是从玩书开始的。小宝宝用口和手来探索世界，一开始喜欢拍书、摔书，甚至撕书、咬书，这恰恰是宝宝爱上书的表现，父母一定要宽容对待。

❷ 尊重宝宝独特的阅读方式。小宝宝接受能力和理解能力较差，注意力不稳定，会出现反复阅读同一本书或同一个页面、快速翻书、拿书倒着看等行为，这些也是对阅读兴趣的独特表达，父母应适当予以尊重，不要过度干涉。

❸ 选择合适的时间并相对固定。要选择宝宝相对容易安静的时间，如睡前、晚饭后等，把每天阅读的时间固定下来，帮助宝宝把阅读变成一种习惯。

❹ 关注阅读时长。刚开始亲子阅读时，一次 3 ~ 5 分钟为宜，随着宝宝年龄增长，时间可适当延长，一般控制在 3 ~ 15 分钟。阅读过程中要注意观察孩子的状态，如果宝宝很安静在听，可以适当延长，如果宝宝抢书或

要合上书，最好马上停止。

❺ 选择合适的环境，营造阅读的氛围。可以在家里给宝宝设置一个读书角，放上地毯和软垫，安静而舒适，让宝宝感受阅读氛围。

重点回顾

对处于感知、探索启蒙期和语言敏感期的宝宝，父母要理解其认知特点，根据认知水平和能力帮他选书、读书。要选与宝宝生活相关、宝宝喜欢看的书，可以一个系列或一套渐进式分批购入，帮助宝宝反复阅读同一本书。

阅读时尊重宝宝把书当玩具的认知，以读图为主，理解宝宝跳读、撕书、玩书等独特的阅读方式，给宝宝设置一个安静而舒适的读书角，选择并相对固定阅读时间，把握阅读时长，保护阅读兴趣，培养倾听能力。特别要想办法坚持阅读，让宝宝养成良好的阅读习惯。

如何培养宝宝规律的作息习惯？

典型情景

丫丫，20 个月，早上要睡到 10 点，晚上到了 10 点还不肯睡。一到晚上 9 点后，丫丫就特别兴奋，缠着妈妈讲故事、做游戏，不玩一阵子绝不肯上床。因为睡眠跟不上饭点，吃饭也一顿多、一顿少，这一顿为她做的饭吃得光光的，下一顿基本不吃。玩起来也一样，经常玩得忘了时间……眼看着再有几个月就可以送去托班了，该如何培养她的作息习惯呢？

对照判断

想一想，在宝宝作息方面，您遇到过以下问题吗？

表现	判断
❶ 白天睡的时间很长，晚上缠着大人玩，不愿意睡，每次都要安抚好久。	☐
❷ 白天睡眠时间减少，出现两觉并一觉的现象，睡的时间很长，晚上不愿意睡觉。	☐
❸ 总是睡眠不安，出现夜间惊醒、半夜哭闹的现象，到了早上睡得香香的。	☐
❹ 吃饭时间怎么哄都不吃，饭点之间喝奶、吃零食，晚上睡觉稍有动静就醒。	☐
❺ 上午不愿睡觉，到午饭时就打瞌睡，下午睡长长一觉，晚上又不睡了。	☐
❻ 睡觉前的洗脸、刷牙、上厕所环节，要叮嘱、催促很多遍，有时大人烦了就随他去。	☐

关键知识

宝宝越小，作息规律越容易培养。帮宝宝建立有规律的睡眠、吃饭、大小便以及玩耍等作息时间表，不仅有助于家长安排自己的时间，还能促进宝宝神经系统与消化系统协调工作，让宝宝知道接下来会发生什么，减少担心和不安全感，从而更好地去探索和学习。1 岁以后，宝宝出现白天并觉现象，睡眠时间逐步减少，父母对宝宝的习惯、喜好等也逐渐掌握，如果结合宝宝的节奏制订日常作息表，耐心观察，细心引导，让宝宝一天生活得有趣而科学，能帮助他逐步养成规律的作息习惯。

建议方法

从小帮宝宝养成规律的作息习惯，是他终身受益的一件事，爸爸妈妈们加油！

深刻认识规律作息与生长发育的关系

规律的作息能促进宝宝良好生长发育，主要表现在以下方面。

❶ 有助于消化系统发育。1 ~ 2 岁宝宝的消化系统尚未发育成熟，消化能力弱，胃的容量小，但年龄越小，生长发育越迅速，每日所需营养相对较多。养成规律的饮食习惯和有规律的活动，能保证婴幼儿健康生长发育。

❷ 有助于提高睡眠质量。通过规律作息，让宝宝进食后充分活动帮助消化，能促进宝宝神经系统发育，提高宝宝睡眠质量。而脑细胞的发育主要是在睡眠中进行，充足的睡眠对婴幼儿的身体生长、智力及思维能力发展都极为重要。

❸ 有助于培养良好的秩序感。规范作息能让宝宝清楚知道什么样的身体状态要做什么事，增强宝宝对生活的掌控感，逐步形成秩序感，增强宝宝玩耍或完成生活事件的专注度，减少烦躁、哭闹等现象。

帮助宝宝建立科学的作息时间规划表

1 岁宝宝每日睡眠总时间要超过 12 小时，时间规划表可从吃奶或吃饭、睡眠、玩耍三大方面考虑。保证三餐、起床和晚上睡觉时间相对固定，安排 4 ～ 5 小时，剩下的时间可以灵活规划。典型的作息时间安排如下，家长可以作为参考，但不必完全照做。

日常事项	时间	安排内容
起床	7:00 ～ 8:00	每天按时起床，和宝宝一起穿衣服、叠被子、洗漱，鼓励宝宝自己穿鞋袜，学上厕所。
早餐	8:00 ～ 9:00	和宝宝一起动手制作美味的亲子早餐，培养宝宝的动手能力，让宝宝养成自主进食好习惯。
亲子运动	9:00 ～ 10:00	根据宝宝发育情况选择适合的运动，如亲子操、律动操，以及让宝宝练习走、爬、钻、抛等动作。
游戏	10:00 ～ 11:00	从语言、阅读、运动、生活等方面开展游戏活动。注意不要让宝宝养成玩手机的习惯，可以做亲子阅读、做手工、搭积木等，也可去小公园玩滑板、玩沙子、和其他小朋友游戏等。
午餐	11:00 ～ 12:00	挑选宝宝喜欢吃的食物，一起动手做菜。引导宝宝不挑食、独立进餐、餐后和家长一起收拾。
午睡	12:30 ～ 14:30	午睡时间以 1 ～ 2 小时为宜。
自由活动	15:00 ～ 16:30	家长可以带着宝宝绘画、涂色、阅读等，也可以玩积木、篮球、足球以及各种球类运动，还可以让宝宝自行玩耍。
晚餐	17:00 ～ 18:00	引导宝宝一起做饭，并一起收拾碗筷。
亲子活动	18:30 ～ 20:00	和宝宝在睡前做一些亲子游戏，例如讲故事、儿童瑜伽、拼图、唱歌等，培养良好的亲子关系。
睡前准备	20:00 ～ 21:00	做好睡前的一系列准备工作，如洗澡、刷牙、洗脸等，鼓励宝宝自己脱衣服、鞋袜，并摆放整齐。也可以讲睡前故事，播放睡前音乐，促使宝宝尽快入睡。

根据宝宝特点和季节变化，适度调整作息

❶ 了解宝宝的睡眠需求。宝宝年龄越小，睡眠时间越长，随着年龄增长，睡眠时间相对减少。刚满周岁的宝宝每天需睡 13 ～ 14 小时；2 岁睡 12 小时左右，白天睡 1 ～ 2 次，每次 1.5 ～ 2 小时，晚上睡 10 小时左右。

❷ 注意季节变化。冬季夜长，可安排晚上早点睡；夏季日长，晚上可让宝宝晚些上床，午睡时间可适当延长，保证宝宝有充分的休息。

❸ 营造昼夜不同的睡眠环境。白天宝宝睡觉时，卧室需要有适当的光线、生活噪声。夜晚让卧室尽量保持全黑，创设比较安静的睡眠环境。

❹ 留意宝宝的睡眠信号。常见的信号有打哈欠、往成人怀里钻、双眼迷离等，当出现这些信号时，家长可以把宝宝转移到固定的睡眠地点，让宝宝知道需要睡觉了。

❺ 合理安排宝宝的饮食。一般来说，每天需就餐 5 次，包括吃饭、喝奶及点心，两餐之间应间隔 3 小时左右。

❻ 保证室内外活动。每天户外活动至少应有 2 小时，做到动静结合、脑力与体力活动的结合，使宝宝作息规律，精神愉快。

顺应已有习惯，从易到难逐步调整

如果因种种原因，宝宝已经养成不规律作息的习惯，家长要高度重视，建立一个大的规律作息框架，在宝宝现有的生活作息基础上，进行由整体到局部的调整，如先分清白天和晚上的作息习惯，对白天和晚上的时间慢慢调整，然后再调整讲故事、洗漱等习惯，循序渐进，慢慢向目标靠拢，如可以用 5 分钟为单位进行延迟或缩短来逐步调整。

家长特别要注意以下问题。

❶ 关注并觉问题。13 ～ 18 个月的宝宝会出现并觉现象，每天两觉并为一觉，家长要根据宝宝的情况，保证一觉的时间和质量，尽量上午睡或午饭后立即睡。

❷ 逐步形成一套每晚例行的睡前程序。洗漱、大小便等活动的顺序保持不变。

❸ 晚饭后不让宝宝做剧烈运动，可看看画册，做做安静的游戏。

❹ 固定睡觉时间，不因家长的问题随便调整宝宝睡觉时间。

❺ 白天多活动和运动，晚上让宝宝独自上床睡觉，培养独自入睡习惯。

重点回顾

良好的作息习惯能帮助宝宝形成健康、稳定的生物钟，保证充足的睡眠时间，对促进宝宝生长发育和提高抵抗力非常重要。父母要深刻认识规律作息与成长发育的关系，为宝宝制订科学的作息表，并根据宝宝的发育特点和季节灵活调整。

如果因种种原因宝宝已经养成不规律作息习惯，家长要及早调整。调整过程中关注并觉问题，注意每晚例行程序、固定时间、不做剧烈运动、白天多运动等，在已有生活作息的基础上，由整体到局部、由易到难逐步调整，坚持一段时间就能养成理想的作息习惯，并终身受益。

第三章

2～3岁孩子

2 岁以后的宝宝，活动范围变大，动作更加敏捷与协调，总是不停地跑、踢、跳，精力旺盛；小手也灵巧多了，会翻书，会搭高积木，喜欢拿笔到处涂画，对空间、颜色的知觉开始清晰，记忆能力大大增强，显得温和而友善。但随着年龄增长，“乖乖的 1 岁”逐步变成“可怕的 2 岁”，宝宝动不动就说“这是我的”，拒绝与他人分享玩具，有时还有“恋物癖”。对于这样的宝宝，父母要怎么带呢?

认识孩子的发展特点

2～3岁的宝宝自我意识大大增长，常挂在嘴边的一句话是“这是我的”，还动不动就向父母宣誓“不”。整天抱着喜欢的玩具不离手，小小年纪就养成了“恋物癖”……您的孩子是否也有这些特点呢？让我们开启主题阅读，看看2～3岁宝宝的主要特点吧。

为什么宝宝总爱说“这是我的”？

典型情景

欣欣，2岁4个月，妈妈发现她最近常将“这是我的”挂在嘴边。拿了她的小毛巾、小枕头，她会说“这是我的”，然后抢回去；占了她的小床或者坐了她的小椅子，她会把大人推开，说“这是我的”；在公园里与小朋友玩，她把玩具拿得紧紧的，小朋友想与她交换着玩一玩，她生气地喊：“别碰，这是我的。”妈妈非常困惑：这孩子怎么了？为什么占有欲这么强啊？

对照判断

看一看，您家宝宝是不是经常有以下语言或行为？

表现	判断
❶常常会说“这是我的、那是我的”，不允许别人碰自己的东西。	☐
❷把自己的小饼干、玩具都收到自己的小床上，不让爸爸妈妈拿走，认真地说“这是我的”。	☐
❸宁肯不玩别人的玩具，也要强调自己的玩具是“我的”，满满的占有欲。	☐
❹盘子里的水果每个都咬一口，还理直气壮地宣布“都是我的”。	☐

面对宝宝的占有欲，您是怎么看待和处理的？

表现	判断
❶ 认为这是宝宝成长的标志，说明他能分清自己的东西了，要予以肯定和鼓励。	☐
❷ 认为宝宝越长越自我了，跟他说这都是爸爸妈妈买的，不是你的。	☐
❸ 了解到这是宝宝自我意识萌芽的表现，觉得好玩但不知道如何应对。	☐
❹ 认为宝宝占有欲太强，不断耐心细致地引导他。	☐

如果您勾选了除第 1 项之外的其他选项，说明您还需要继续学习，请您重点关注宝宝的物权意识敏感期。

关键知识

宝宝常说“这是我的”，甚至不允许爸爸妈妈碰自己的东西，这是进入了物权意识敏感期，到 2 岁时这种意识会表现得特别强烈。宝宝通过宣示主权来认知他与物品的关系，当宝宝占有了某个东西，这个东西完全由他支配的时候，他才能感觉到“我”的存在，这也是儿童自我意识真正诞生的标志。这个时候宝宝占有欲大多限于情感范畴，跟自私没有关系，他通过对事物归属权的确认，来判断和认知自己与周围事物的关系。一般到 3 周岁左右，宝宝会度过这个时期。

家长不要把宝宝的“占有欲”上升到个人品质层面去训斥，也不要强迫宝宝去分享，他只有先知道哪些东西是属于自己的，才有可能将属于自己的东西与别人分享。

建议方法

理解物权敏感期的重要性，尊重宝宝的“占有欲”

2 岁宝宝逐渐进入了物权意识敏感期，喜欢重复说“我的、我的”，情绪易冲动，还有可能伴随攻击性行为。这是宝宝发育的一个特殊阶段，这时的宝宝会进行物权归属练习，他通过对物品归属权的确认，来认知和判断“自我”。宝宝只有先确认了物权意识，了解“这是我的，那是你的”，才有可能将属于自己的东西分享出去，这是宝宝正常的成长过程。

家长要根据宝宝日常的行为反应，判断宝宝是否进入物权意识的敏感期，千万不要在宝宝建立这个意识的过程中，责怪孩子自私、小气，一味想着要纠正宝宝的思想，让他改掉这个“坏毛病”，这样做可能会给宝宝带来意想不到的伤害，如宝宝会感到无助，产生混乱感，丧失物权归属意识等。

在生活中教育，帮助宝宝建立物权意识

越小的宝宝物权意识越薄弱，他不明白现实中“你的、我的”的真正含义，会认为“我喜欢的就是我的”。2 岁以后，宝宝有了“这是我的”的概念，父母要借机逐步培养宝宝的物权意识。比如，准备宝宝爱吃的水果，宝宝一份，妈妈一份，告诉他“这是妈妈的，那是你的”。收纳物品时，多使用“我的”“你的”这样的词，给宝宝强调物品的所有权。还可以给宝宝一个专门的柜子或者抽屉，让他存放自己心爱的物品。

生活中很多事情都能变成训练宝宝物权意识的机会，比如吃饭的碗、喝水的杯子、穿的衣服等，在日常生活中教育孩子理解“你的、我的”，明白自己的东西可以拥有，别人的东西不能随便拿走。

避免测试或逗宝宝，尊重他的物权行为

有一些成人喜欢逗孩子，经常拿走宝宝最心爱的玩具看宝宝的反应，

觉得好玩，这其实会破坏宝宝物权意识建立，次数多了甚至阻碍孩子建立安全感，是需要坚决加以制止的行为。

还有的家长想看看孩子会不会与自己分享东西，或者想确认一下自己在孩子心中的地位，会说“宝宝，你的糖果给妈妈吃一颗”，如果宝宝不肯，就说他小气。如果反复说了几次，孩子终于下定决心把糖果拿给妈妈，妈妈却说“宝宝真乖，妈妈不吃，糖果还给宝宝”。这样的行为属于逗弄宝宝，会让他不知所措。正确的做法是，如果宝宝愿意分享食物或者玩具，成人不要拒绝，要欣然接受并适当鼓励宝宝，可以谢谢他，给他一个大大的拥抱，让宝宝感受到分享是一件快乐的事情。

寻找和创造机会，让宝宝感受分享的价值

生活中应该先鼓励宝宝“自私”，然后逐步过渡到学会互相分享的阶段。随着宝宝年龄增长和心理健康发展，他明白了“我的”和“我”，也掌握了“你的”“你”和“他”等，“占有欲”会逐渐减少或消失，这时可以寻找和创造机会，鼓励宝宝分享，并让他感受分享的价值。

如在家吃东西时，可以让宝宝分给每人一份，家人一起感谢宝宝，让他感受成就感和分享的快乐。带宝宝出去玩，有小朋友分享玩具给他时，让他道谢，并问他是否开心，然后告诉他以后有玩具也要分享给其他小朋友。

家人要给宝宝一个过渡的时间，不要强迫他立刻变得愿意分享。当他终于有一天愿意把自己的玩具给别人玩时，家长要给予充分鼓励，同时也可告诉宝宝“这个玩具是属于你的，别人玩一会儿就给你”，保持他对玩具的掌控感。一旦通过各种场景体会到分享的价值，孩子自然就愿意分享了。大部分孩子在 3 岁前后进入愿意分享的阶段。

重点回顾

2 岁后宝宝进入物权意识敏感期，会宣示很多物品“是我的”，这种看似“自私”的行为，是宝宝确认自己和其他事物关系的过程。家长要充分理解这个过程的价值，不要轻易指责他，更不要强行要求他分享。家长要在日常生活中，利用生活场景帮助宝宝建立物权意识，不逗弄宝宝，尊重他的物权行为，创造各种机会让他感受分享的价值和乐趣，让宝宝慢慢度过物权意识敏感期，进入愿意分享的阶段。

宝宝总是重复做一件事，是怎么了？

典型情景

妈妈发现元元到了2岁以后，总会重复同一种行为。比如，一个故事明明已经听了十几遍，还要求爸爸妈妈再讲给她听；动画片每次都重复看同一集；听来一句好玩的话，会不厌其烦地重复说；还不断地问同一个问题……面对这种情况，妈妈感到纳闷：为什么一遍又一遍地重复，孩子到底是怎么了？

对照判断

想一想，您家的宝宝是否有这样的表现？

表现	判断
❶ 经常有一些在成人看来不具备任何目的性的重复行为，比如，把玩具反复地拆开、重装，打开房门再关上等。	□
❷ 一个问题要向大人询问很多遍，明明知道答案，却还一遍遍地发问。	□
❸ 在重复玩的活动中，特别高兴，享受重复的乐趣。	□
❹ 一个故事重复听了十几遍，还是要求讲给他听。	□

面对宝宝的不断重复，您的想法和做法是什么？

表现	判断
❶ 理解宝宝的重复行为，鼓励他通过重复对自己学到的东西进行吸收和内化。	□
❷ 赞赏宝宝的重复行为，鼓励和支持他重复所有的事情。	□
❸ 怀疑宝宝的重复行为，担心宝宝发育不足或出现其他问题。	□
❹ 讨厌宝宝的重复行为，表现出不耐烦，对同一问题不爱回答。	□
❺ 纠正宝宝的重复行为，告诉他这个故事已经讲太多遍了，需要换一个故事讲。	□

如果您选择了除前 2 项之外的选项，说明您对 2 ～ 3 岁宝宝的成长特点还不够了解，再多学习一点吧！

关键知识

喜欢重复做同一件事，是 2 ～ 4 岁年龄段孩子特有的行为。著名教育家蒙台梭利说：“反复练习是儿童的智力体操。”由于认知能力有限，宝宝只有在重复中才能得到新的信息、掌握新的技能。而且通过不断重复，能促进宝宝意志力的形成，锻炼宝宝注意力的集中，从而在内心形成一种控制的力量，从中获得安全感。所以，“重复”是宝宝学习的最好方式，这种重复贯穿着宝宝的感受和体会，能够满足他特定时期的需求，让他获得成就感和独立感。

建议方法

如何带领宝宝在重复中学习和进步呢？也许以下方法和建议能给您一些帮助。

重视宝宝通过重复练习来学习

对大多数成年人来说，很多事情做完一次就不愿再去重复第二次，他们潜意识认为重复是一种浪费。但对于宝宝来说，他的大脑没办法在短时间内处理过多信息，需要通过不断重复，来一点点获得新信息。所以，当他们听到吸引自己的故事，或者遇到有趣的问题时，就会不断要求重复倾听或者询问，在重复中更新认知、消化理解，获得完整信息，掌握其中的乐趣、逻辑、情景甚至道理。

宝宝的重复并不是无用的重复，从一开始对某事物感兴趣，到逐渐地熟悉、理解它，再到慢慢地开始掌握、运用它，他的认知在不断地提升。如听故事，大人一般听一遍就全理解了，而孩子每天听，听到的是这个故事不同的地方，可能首先听到的是情景，其次是逻辑，然后是准确的概念。所以，宝宝只有重复做一件事情，才能更好地理解这件事。

从宝宝的兴趣出发，对重复行为予以反馈

大人稍微留心就会发现，孩子不会重复所有的行为，只对他感兴趣的事情和问题重复。如果他喜欢重复听某一个故事，就不厌其烦地讲给他听；如果他喜欢画圈圈，别在意他画得圆不圆，给他蜡笔和纸张，让他尽情去画。既然孩子感兴趣，就把选择权交给他，让他尽情去重复。为进一步激发孩子兴趣，巩固认知效果，家长可以对孩子的重复行为予以及时反馈。如对每天听同一个故事的孩子，家长可以在讲到某一环节时，让宝宝来接，或者跟宝宝来一些奇思妙想，推动他更深入地理解故事细节。当宝宝天天画圈圈时，要真诚地肯定他的坚持精神，也可把他前后的作品放在一起，通过对比来表扬他。

增加不同的互动，做到更有质量地重复

2 ~ 3 岁的宝宝记忆力飞速发展，在宝宝重复的过程中，适当的亲子互

动很重要。比如在无数次读同一本书之后，家长可以故意盖住某一部分，让宝宝说出内容："你猜，下一步该干吗？"或者和宝宝一起改编故事情节或结局，问问宝宝："如果换成你，你会怎么办？"或是在孩子重复看一集动画片时，家长也可以从不同侧重点出发，向孩子提不同的问题，或和孩子来一次角色扮演等，让宝宝重复的过程更有趣。家长也可在这个过程中培养宝宝的注意力，如故意说反、说错一些情节，等待宝宝发现和纠错，并及时肯定和表扬宝宝。这时要注意，虽然是故意出错，也要保证内容与原有情节基本吻合，满足宝宝依赖熟悉感的心理需求。

和宝宝一起享受成功的体验

重复能让宝宝因为学会一些具体的东西而得到满足，还能享受一遍完成的乐趣。比如，对于一个熟悉的故事，孩子对故事内容和情节心中有数，他们不用搜寻记忆去回忆，也不用花心思去猜测，就能知道接下来发生的事，就好像他们自己可以控制故事一样。重复带来的这种快乐感觉，可以让孩子像刚刚休息过一样，活力满满，得到更多安全感和成就感。

当他不断地触摸、感知后，他才能对所感知的东西进行组织、分类和归纳，最后形成抽象的概念。比如，当孩子看到一本绘本，他会不断地看和听，他把看到、听到的内容与大脑中的感觉联系到一起，就形成了关于故事画面和情节的概念，然后把这个概念普遍化，并进行迁移与联系。

如《小红帽》故事中大灰狼要吃人，宝宝不用任何人教，就会把"狼"和"吃人"联系到一起，他就"掌控"了狼的基本属性。当宝宝发现自己有能力掌控一些事情时，自信也就开始建立了。家长要带着欣喜的眼光关注和赞赏宝宝重复行为带来的结果，和宝宝一起体验成功的喜悦。

重点回顾

重复是 2 ～ 4 岁宝宝的特有现象。宝宝会通过不厌其烦地重复同一种动作、同一种行为来加深对外界事物的感觉、知觉和认知，巩固学习和记忆效果。年龄越小的孩子，越需要通过重复的方式来学习新东西，他们在重复中更新认知、消化理解，获得完整信息，实现对新知识和技能的“掌控”。

面对喜欢重复的孩子，家长要给他重复的自由，适当满足他重复的需要，可以尝试一些方法去提升重复的质量，更要及时予以反馈，跟宝宝一起体验成功的喜悦，引导宝宝在重复中学习、锻炼和成长。一般到 4 岁后，宝宝喜欢重复的现象就会逐渐消失。

为什么宝宝一刻也离不开玩具熊？

典型情景

宽宽，快3岁了，妈妈发现他特别“恋旧”。婴儿时期的一个玩具熊，他白天带在身边，晚上搂着睡觉，如果发现玩具熊不见了，就急得哇哇大哭，一定要妈妈找回来才安心。玩具熊已经很旧了，妈妈担心不卫生，买了好几个类似的漂亮玩具熊回来，但宽宽仍旧天天抱着他的旧玩具熊。这是什么怪癖？为什么宽宽一刻也离不开玩具熊？

对照判断

想一想，当您的宝宝依恋某一物品，一刻都离不开它时，您是怎么做的？

表现	判断
❶ 怕宝宝形成恋物癖，想方设法用其他玩具替代依恋物，不让他随时带着。	□
❷ 感觉无所谓，随便宝宝带与不带，不关心，不评价。	□
❸ 认为那是宝宝喜欢的物品，鼓励他随身携带，他忘记了会提醒他。	□
❹ 了解到宝宝是因为缺乏爱才导致这样，给他更多关心和照顾，希望替代依恋物。	□
❺ 与其他同龄妈妈交流经验，发现不是所有宝宝都恋物，于是找心理医生咨询。	□

如果您勾选了上述选项，说明您还需要进一步了解宝宝恋物的特点和表现。

关键知识

宝宝恋物大多发生在 6 个月至 3 岁间，其中 2 岁左右最为强烈。从心理发展特点看，6 个月的婴儿开始觉察到“我”和“妈妈”不同，2 岁时基本意识到“我”和“妈妈”是分开的独立个体，这种分离感让他产生焦虑，所以他会寻求熟悉的用品或玩具，建立新的依恋关系。

宝宝所依恋的这些物品，心理学上叫“过渡性客体”，大都是孩子熟悉的一些替代妈妈的柔软玩具和用品，如毛毯、毛巾、玩具熊，甚至带有某种气味的物品，是宝宝情感支持的一部分。对宝宝来说，他对这一物件很“专情”，会当作贴身之物随处携带，看不见它会引发宝宝强烈不满。这是一种正常的阶段性情感现象，不是恋物癖，随着年龄增长慢慢就淡化了。

建议方法

宝宝恋物是过渡时期的一个特征，家长要尊重宝宝的这一表现，也要试着进行调整。

尊重宝宝的心理需求，正视宝宝的小习惯

2 岁的宝宝自我意识萌芽，意识到自己与妈妈是相互独立的客体，从而产生焦虑和不安全感，出于本能的自我保护，他在心理上建立“内在母亲”，来应对与母亲分离的担忧、恐惧。如果这个阶段母亲常常缺席，宝宝会用自己熟悉的毛毯、玩具等替代物来补偿、替代母亲这个客体。父母要尊重宝宝

这种心理需求，正视他的小习惯，不强制他与依恋物分离，让他获得应有的情感支持。大部分宝宝无须特别关注，过了这个时间段，会自行消除恋物行为，但这个时间段有长有短，家长要耐心等待。也有的宝宝从来都没有类似的恋物举动，说明他并不需要依靠“过渡性客体”走向独立；还有一些宝宝会过分依恋某一物品，家长也不用太担心，给予宝宝更多沟通和关爱，也会让宝宝逐步舍弃所恋物品。

关心关爱到位，家长更高质量陪伴

尽管恋物是一种正常现象，但表象背后实际上是宝宝精神寄托、寻求安全感的一种方式。家长要反思之前陪伴孩子的方式，是否做到了全心全意高质量陪伴。如果大多数时间都在看手机或干自己的活儿，要进行适当调整和改变，与孩子一起做游戏，蹲下来与他交流和互动，有感情地给他读故事，关心他的吃喝、冷暖、游戏与伙伴等生活细节，让他在心理和日常生活中都能感到自己有坚强的依靠，产生足够的安全感。

丰富宝宝视野，帮助宝宝交往更多伙伴

有研究证明，孩子的外部世界丰富了，内心世界会跟着多姿多彩。2 岁的孩子对外界探索的欲望特别强，多带他去公园、郊野、儿童工坊和游乐场走走，看看花草树木和小鸟小虫，做各种材质的手工，玩各种游乐设施等。这样孩子的内心越来越丰富，安全感随之增强，对某个物品的依恋度就会弱化。还要注意多带孩子交朋友，教会他交朋友的方式，让他主动融入近龄宝宝的朋友圈，有更多和小朋友玩耍的机会，感受同伴交往的好玩与有趣，丰富内心情感世界，这样他就不再需要某个物品做情感支持。

保证依恋物安全，静等宝宝不再依恋

如果宝宝的恋物行为比较严重，父母也不要担心，定期帮他把依恋物

清洗干净，处理好破损的地方，保证依恋物品的安全。只要宝宝情绪、行为等方面发育正常，“恋物”本身不会对孩子的成长有消极影响，不必强行纠正，静等宝宝构筑自己的安全感，自觉放弃他依恋的精神寄托和陪伴物品。一般宝宝的恋物行为持续几个月到半年，时间长的可以持续到8～9岁。

重点回顾

宝宝在6个月到3岁之间出现的恋物行为，实际上是一种情感的转移，是他逐渐走向独立的象征。通过与玩偶、玩具等的相处，宝宝获得了心理上的放松，缓解了焦虑情绪，寻得了安全感。如果安抚物成为孩子的小伙伴，他们之间和谐相处，如影相随，宝宝和父母及其他的社会关系也都会有良性发展。父母应该允许宝宝有自己的依恋物，为宝宝创造相对良好的心理成长环境，以减轻宝宝与妈妈分离带来的焦虑。随着宝宝长大，这种依恋物品的现象会渐渐减轻并消失。

为什么宝宝总喜欢走马路牙子？

典型情景

壮壮，刚满 2 岁，好不容易走稳路不摔跤了，却热衷于走马路牙子，喜欢挑战坑坑洼洼的道路，反复往返上下坡道，遇到高高低低的台阶，来来回回上下几次才过瘾，偶尔摔一跤蹭破点皮，哭一场包扎好后，依然如故。妈妈常常心惊胆战，要不要制止壮壮这种行为呢？

对照判断

看一看，您家宝宝是不是有以下行为？

表现	判断
❶ 不走平坦的大路，专走马路牙子和花坛边。	☐
❷ 看到台阶和低矮平台特别高兴，爬上爬下，不亦乐乎。	☐
❸ 喜欢尝试单脚跳，还要和爸爸妈妈做单脚跳游戏。	☐
❹ 不走“正道”，执着地走马路牙子和台阶边缘。	☐

遇到宝宝要走马路牙子的行为，作为父母，您是怎么做的呢？

表现	判断
❶ 立刻阻止，告诉宝宝“这太危险了，上去会摔下来的”，不可以这样走。	☐
❷ 分散宝宝的注意力，跟宝宝说“咱们去玩滑滑梯，好不好”，将他从马路边带走。	☐

续表

表现	判断
❸ 斥责宝宝太淘气，好好的路不走，专走不是路的地方。	□
❹ 带宝宝走路时尽量不让他注意到马路牙子或高低坡，防止他不顾危险去走。	□
❺ 观察和判断是否有安全隐患，在确保安全的情况下，让宝宝自己走或者扶着他走马路牙子。	□
❻ 觉得这是锻炼宝宝平衡能力的好机会，允许他这样做。	□

如果您勾选了前 4 项，您还需要多了解宝宝的发展特点和学习方式。

关键知识

2 岁多的宝宝处在走路敏感期的后期阶段，他已经能独立行走并且学会了跑，这时平坦的道路已经没有吸引力，他开始探索高低不平的路、楼梯、坡道、低矮平台和马路牙子。蒙台梭利说：这是儿童为满足内心欲望和锻炼自己的协调运动能力寻找的“机会”。原来，这是宝宝的一种内在本能，他借助这样的动作，来锻炼自己控制身体平衡的能力。平衡能力是人体不可或缺的一种能力，是一个人身体综合素质的体现，需要经过长期的锻炼才能掌握。

宝宝通过一遍又一遍地走马路牙子和各种崎岖不平的道路，实现自主地控制、运用身体各部分，得以实现自我锻炼，直至他获得身体平衡能力，这是他智慧和能力的外在展现。

建议方法

如果您的宝宝经常走马路牙子，请不要担心，按下面的方法做，会收到意想不到的效果。

理解敏感期行为，放手让孩子探索

走路敏感期持续到 2 岁，这时宝宝已经走得很稳，他的本能驱使他挑战高难度动作，包括走马路牙子、爬坡、走台阶、踩坑等，以此来锻炼身体协调和平衡能力。家长要明白，成人是为了实现某一目的而走，而宝宝是为了学习走而走，更是为了建立存在感而走，从而理解和认可宝宝专走“不寻常路”的行为。不要批评，更不要无理由地加以阻拦，而要在宝宝初期遇到困难时予以帮助。在预测安全的情况下，放手让宝宝自由探索，尝试走直线、爬高爬低、单脚跳等，千万不可过度保护孩子，阻碍他在敏感期身体的正常发展。

关注环境安全，减少伤害事件

尽管可以放手让宝宝走各种“路”，但 2 ~ 3 岁的孩子安全意识相当弱，除了喜欢不平的路、窄窄的路外，还喜欢高景观的感受。当宝宝提出挑战爬坡或走马路牙子、跳高平台时，家长要观察好这个地方的安全情况，太陡峭的坡、太窄的马路牙子、太高的平台等，要禁止孩子攀爬、行走或跳跃。对特别爱攀爬冒险的宝宝，家长要告知宝宝什么地方危险、什么地方可以爬，同时买一些儿童护具，如护膝、头部保护垫等，最大限度减少伤害事件的发生。万一宝宝摔跤受伤，应赶紧查看伤情、安抚情绪，清理和包扎伤口，如果孩子摔得严重，要赶紧带孩子去医院。

寻找锻炼机会，多做平衡游戏

除宝宝自己发现的地方外，家长还可以抓住宝宝这一敏感期，主动寻找周边安全且宝宝喜欢的马路牙子、台阶或斜坡，为宝宝提供反复锻炼的机会。除各种走路和攀爬外，家长还可以与宝宝玩锻炼平衡能力的游戏，如单脚站立、单脚跳、沿直线走、双脚前后一字站立、不倒翁、双足交替下楼梯、平衡端水、骑平衡车等游戏，让宝宝在快乐的玩耍中，训练和提高身体的平衡能力，顺利度过这一敏感期。

有意训练宝宝直线走，培养良好专注力

宝宝沿地上画的一条直线走、沿拉伸的绳子走或者走马路牙子，除训练控制力和平衡力外，还能训练本体觉，提高孩子的注意力。妈妈可以抓住这个敏感期，跟孩子玩沿线走的游戏，锻炼他的专注能力：在地上画一条直线或弧线，或者拉一条绳子，妈妈先示范，双脚前后交替前进，同时身体保持平衡，然后鼓励宝宝跟着走，两手侧平举，双脚前后交替前进。在宝宝基本能走后，让他把两臂伸直、两手张开，在手掌上放两个小玩具，要求走直线时玩具不掉下来，等等。妈妈可以灵活变换不同的玩法，让宝宝觉得有挑战又有趣，通过反复玩来锻炼本体觉，收获良好的注意力。

重点回顾

2 ～ 3 岁的宝宝爱走马路牙子和各种特殊的“路”，是因为他处在走路敏感期的后期，通过这一行为锻炼控制力和平衡能力。家长要理解宝宝的这一行为，放手让宝宝反复探索和练习。但因宝宝的安全意识极弱，家长要认真观察周边环境，确保不发生跌倒、骨折等安全事故。为让宝宝得到充分锻炼，家长还可以帮助宝宝寻找安全的锻炼环境，与他一起玩各种平衡游戏，有意训练直线走，发展他的本体觉，通过锻炼形成良好的专注能力。

为什么宝宝总喜欢说“不”？

典型情景

优优，2岁半，妈妈发现跟他说什么，得到的结果都是“不”“不要”。跟他说“来吃饭了”，他回答“不，我要玩”；说“一起看书吧”，他回答“不，我不要”；说“下次买这个玩具”，他回答“不，这次买”……遇事几乎都会说“不”，稍不如意还哭闹一场。妈妈不知道该怎么办，心想难道这就是“叛逆的2岁”？

对照判断

面对宝宝对什么都说“不”的表现，您是怎么做的呢？

表现	判断
❶ 用哄骗或转移注意力的方式让宝宝按照自己的要求做，使宝宝“妥协”。	□
❷ 不管宝宝怎么说“不”和愿不愿意，都按照自己的想法做。	□
❸ 面对宝宝频繁的“不”，有点不耐烦，忽视宝宝的话。	□
❹ 意识到这是培养宝宝独立性的契机，尊重他的行为，让他尽情说“不”。	□
❺ 和宝宝温和交流，询问为什么说“不”，促进宝宝思维发展。	□
❻ 支持宝宝说“不”，跟着他的意愿来。	□

如果您勾选了除第4和第5之外的选项，说明您对宝宝说“不”的行为还不太了解，请继续学习吧！

关键知识

2 岁多的宝宝总说“不”，出现不顺从和执拗行为，是自我意识敏感期的突出表现。2 ~ 3 岁是孩子人生的第一个叛逆期。自我意识敏感期在 1 岁左右萌芽，2 ~ 3 岁表现最明显，被称为“叛逆的 2 岁”或“可怕的 2 岁”。

这时，宝宝在区分“我的”和“你的”、“我”和“你”的界限时，慢慢有了物权意识，开始变得不听话，喜欢和家长对着干，对什么事都说“不”。这是他认知自我和周围人、事、物之间关系的过程，也是他确认自我价值的过程。这个过程持续半年到一年，一般到 3 岁时基本结束。

建议方法

如果您的孩子正处在频繁说“不”的阶段，您可以参考以下方法建议。

允许孩子说“不”，接纳孩子的行为

说“不”是宝宝自我意识发展的典型表现，是孩子构建自我的重要过程，父母要允许孩子说“不”，共情和重复他的语言，接纳他的行为。如果不是产生不良结果的行为，如为他多买一个玩具等，还可以夸赞宝宝有自己的想法了，鼓励他自我表达，培养他的自主意识。家长否定孩子说“不”的行为导致孩子哭闹时，要予以及时的安慰和安抚。如果安抚没有效果，可找一个安静的空间让他哭闹，等他情绪稳定后抱抱他，说一些安慰和爱他的话。孩子感受到关心和爱，“不”的行为就没那么重要了。

了解孩子想法，换种方式说话

面对孩子不停地说“不”，家长要抑制情绪，保持冷静，可以在跟孩子共情后，追问孩子的想法。例如，让宝宝吃饭，他说“不”，大人可以追问：“我知道宝宝不想吃饭，但为什么呢？”让宝宝进一步思考问题并说出来，促进思维和语言表达能力的发展。如果这件事必须做，家长可以换种方式说话，如必须吃饭而宝宝不肯吃，可以试着这样说：“哦，宝宝可以不吃饭。但是宝宝碗上的漂亮小兔饿了，宝宝快来帮小兔装饭，然后一口一口吃下去。”换了个场景，让宝宝做了帮助小兔的事情，既没强迫宝宝吃饭，接受了他的“不”，又激励他去装饭、帮助小兔吃饭，助“兔”为乐，一举三得。

提供有限选择，邀请孩子帮忙

当父母让宝宝必须做某件事时，可以给出有限选择，如不说“宝宝吃饭了”，而是说“宝宝先吃土豆还是鸡肉，快来挑选了”，这样既满足了孩子自己做主的需求，又给他划定了范围，而且不管他选择土豆还是鸡肉，都是吃饭，孩子乐意，家长的目的也达到了。在这个阶段，家长还要注意减少命令，而是用邀请孩子帮忙的方式跟他说话，如不说“把遥控器拿过来”，而说“请宝宝找找遥控器在哪儿，帮助妈妈拿过来”，给孩子提供充分的展示自我、实现自我价值的机会，他可能就不说“不”了。

制止负面行为，严肃交代任务

2 岁多的孩子无法判断行为后果，他说“不”的一些事情，按照他的意思去做有可能产生负面效果，如无价值的花费、伤害自己或影响他人等，这时要温和而坚定地制止孩子，明确告诉他这不行或者是不对的行为，然后在共情的基础上，用选择法或其他办法引导他什么是正确的做法。

如果给宝宝交代任务，不要用询问语句或随口一说，而是要看着他的眼睛，用肯定的语言说出要干什么，让宝宝感受到父母的严肃和认真。这样的方式既能教育孩子正面积极的表达，又让他感到事情的重要性和严肃性，他就不会随便说“不”了。如下雪天外出他不穿棉袄，家长要看着他的眼睛认真地说：“外面非常冷，穿上棉袄才能出去。”孩子想外出，又看到父母严肃认真的表情，可能就“妥协”了。

重点回顾

2 ~ 3 岁是宝宝自我意识敏感期最明显的阶段，也是宝宝的第一个叛逆期，宝宝有了“你”“我”的区分，开始建构自我价值，通过说“不”、与家长对着干等行为，建立自我掌控感，认知与周围人和事的关系。家长要接纳孩子说“不”的行为，了解孩子的想法，如果必须做某件事，可以换种方式说话，提供有限选择，邀请孩子帮忙或严肃下达任务，给孩子获得选择权、感受自我价值的机会，发展他的自主意识。如果 2 岁孩子跟家长对着干的行为产生了负面效果，家长一定要坚决制止。

家长成长与角色定位

宝宝又成长一岁，他小小的自尊心越来越强，可能挑食又叛逆，还变得更“爱哭”了。父母重回职场，只能请祖辈来帮忙养育宝宝。作为父母，此时应扮演什么样的角色，又该如何帮助宝宝改掉挑食等坏习惯，如何处理好与祖辈的关系，给宝宝创造良好的成长环境呢？

父母怎么做才是尊重宝宝？

典型情景

玫玫，2 岁 9 个月。妈妈带着她逛商场，玫玫看到一个抱抱兔，要让妈妈买。家里已经有很多娃娃了，妈妈想让她买一套拼图。玫玫不喜欢拼图，缠着妈妈要买抱抱兔。争执了一会儿，玫玫突然大哭起来。妈妈很生气："不买就哭，再哭就不要你了！"还顺手打了玫玫一巴掌。玫玫哭得更凶了，躺在商场的地上撒泼，商场里的人都闻声过来看热闹。妈妈突然意识到，老师说要尊重宝宝，这么做会不会让玫玫的心理受到伤害呢？

对照判断

想一想，在与宝宝相处中，您有下列行为和表现吗？

表现	判断
❶ 宝宝不听话时，当众批评、训斥甚至打骂他。	□
❷ 经常把"这孩子真不听话！"挂在嘴边，宝宝没按自己的意思做就脱口而出。	□
❸ 觉得宝宝还小没什么想法，按大人的想法做就行了。	□
❹ 不管愿不愿意，经常让宝宝分享他的玩具给其他小朋友。	□
❺ 怕宝宝有恋物癖，把他一刻不离的玩具熊处理掉。	□
❻ 总怕宝宝营养不够，经常追着喂他吃饭。	□

如果您有上述行为，说明您还不了解小宝宝的心理活动，没有做到在尊重的基础上教养宝宝。

关键知识

不论年龄多小，孩子都是有人格和自尊的独立个体。2 岁的宝宝也爱面子，他开始认识到自我的存在，开始学习思考问题，也开始在意别人的评价，已经出现要得到认可而有策略地表现自己的行为。如果父母的做法和态度让宝宝觉得自己丢了面子，他跟大人一样，会感到难堪、耻辱、气愤和无法忍受，还常用哭闹、“嘴硬”、我行我素等方式表达反抗。但是，很多父母认为“小孩子还小，哪里来的自尊心”，常常在有意无意间，以居高临下的教养者姿态，做出各种伤害宝宝人格和自尊的事情，如当众批评等，对宝宝的心理造成不良的影响。这时，父母要开始把宝宝当成大人来尊重，重视、理解和鼓励他，巧妙、有技巧地拒绝他，给他充分的温暖、关爱和接纳，尊重和培养他良好的自尊意识。

建议方法

自尊心得到重视和满足的宝宝，更容易感到自信，体验到自我价值，产生积极的自我肯定。因此，家长要从小尊重宝宝，培养他的自尊心。

理解发展特点，无条件接纳孩子

幼儿身心都在发展过程中，语言和行为不成熟，常常淘气或达不到家长的期望，会惹大人生气或不高兴。但幼儿所有的事情都需要成人的帮助，又是最无助的。中国公安大学犯罪心理学家李玫瑾教授说，0 ~ 3 岁的宝宝特别需要“情感抚养”。家长尊重宝宝，首先要尊重他的身心发展规律，认识到他发展过程中各种奇怪、无来由的情绪和行为，无条件接纳他的感受、个性和心理需求；其次，宝宝有了“越轨”行为，批评宝宝时特别要注意“对事不对人”，此年龄段的宝宝大多不是有意为之，他是在尝试或探索，您要明白您接纳的是宝宝这个人本身，而不是他的全部行为。这样完全无条件的接纳宝宝的哭闹、发脾气，以及一些正当的需求等，能让他产生稳定的自主感，建立良好的自尊心。3 岁后，宝宝的自我意识和行动能力进一步增强，宝宝想要的东西、会做的动作越来越多，这时要开始建立规则，让他知道自由的边界在哪儿，逐步培养规矩意识。

用适宜的方式教育，不否定人格，不当众批评

2 岁多的宝宝心智不成熟，经常会打破家长的限制或规则，这时家长如何处理，是检验是否尊重宝宝最重要的标志。家长要根据当时的情境，运用适宜的教育方式。

❶ 不随意否定人格。家长很容易居高临下审视宝宝，或与别的孩子攀比，随口一句“你太笨了”“妞妞都不哭，比你强多了”“你看邻居牛牛多乖”，家长说完可能就忘了，却伤害了宝宝的自尊。

❷ 不当众批评。宝宝做错事，家长当然可以批评，但要注意场合，不要当众批评。可蹲下身看着宝宝的眼睛，用正常的语速和语调告诉他，什么地方做错了，应该怎么做。要记住你批评的目的是希望宝宝改正，而不是否定他这个人或让他当众“难堪”。

❸ 不当着宝宝的面自嘲。有些父母认为自嘲无伤大雅，在宝宝一件小事没做好时，会说：“我家宝宝就是笨啊。”在宝宝没跟人打招呼时，会说：“我家宝宝比较害羞。”自以为是一句自嘲的玩笑话，是给宝宝挽回面子，实际上却很可能深深刺痛宝宝的内心，造成不可恢复的心理创伤。

平等沟通交流，尊重宝宝的合理想法与决定

❶ 要跟宝宝地位平等，不因宝宝小就觉得高他一等或搞“一言堂”，逼他顺从。要注意交流的语气，多鼓励少打压，多商量少命令，多平等协商少急躁批评，尽量像两个好朋友聊天一样，轻松愉快地交流。

❷ 要言之有理，家长毕竟是长辈，比宝宝知道的东西多多了，遇到事情要多用言语启发宝宝，肯定宝宝正确的做法，尽量不要强制命令宝宝。

❸ 要尊重宝宝合理的想法与决定，满足宝宝合理的需求。当宝宝觉得自己是被重视的，受到了尊重时，父母就做到了尊重宝宝。

尊重不是放任，就事论事，坚决纠正

尊重宝宝不是听之任之，溺爱放任，而是“不带敌意的坚决，不含诱惑的深情”。如果家长不同意宝宝的某个需要，如他哭闹着想买玩具，要用接受的状态来体会他哭的情绪，并温和地坚持不买的原则，向他表达：“我爱你，但这件事不可以。”这就是不带敌意的坚决。同时给宝宝无条件的爱，接纳他的本来面目，体现“不含诱惑的深情”。在宝宝没做好某件事情时，如数数不对时，可变换方式鼓励宝宝再数几遍，但不要批评和责骂宝宝，给宝宝宽松的环境，让他感觉到父母是发自内心地对他好，无论任何情况下他都是被爱的，这样他的自尊心就能得到满足，促使他的心理健康发展。

重点回顾

2 岁多的宝宝已开始爱面子，家长不要抱着孩子小无所谓的态度，无意间伤害他的人格和自尊。要尊重他，就要理解他身心发展的特点，无条件接纳他，采用适宜的方式进行教育，不否定他的人格，不当众批评，不当着他的面自嘲，不与别人家宝宝攀比。而要营造平等沟通的氛围，蹲下来用平视的眼光与宝宝沟通，满足他合理的愿望和决定，培养他良好的自尊感。但是，尊重宝宝不是放任他，对他不合适的要求，要不带敌意地坚决拒绝，给他无条件的爱，做到不含诱惑的深情。

宝宝挑食，还喜欢边吃边玩，怎么办？

典型情景

亮亮，2岁半，爱吃鱼、肉，不肯吃青菜，带馅儿的东西只吃肉不吃皮。还喜欢边吃边玩，吃饭时不是把玩变形金刚，就是看动画片，结果一会儿碗打翻了，一会儿勺子掉地上了，家里搞得一片狼藉。妈妈怕亮亮这样吃营养不够，趁他不注意时，猛塞一口，一顿饭要吃一个多小时。孩子一天天大了，吃饭这么难，可怎么办啊？妈妈愁死了。

对照判断

看一看，您家的宝宝有这种现象吗？

表现	判断
❶只吃肉，不吃菜，好不容易把菜喂到嘴里，立刻吐出来。	□
❷吃饭谈条件，必须看视频、玩玩具，才能喂上一口。	□
❸边吃边玩，摆弄餐具，还要追着喂。	□
❹只吃米饭、面条，喝奶，肉和菜都不吃。	□

想一想，对孩子出现的吃饭问题，您是怎么处理的？

表现	判断
❶孩子小，让他吃自己喜欢的，大些再调整。	□

续表

表现	判断
❷ 看到宝宝边吃边玩，大声训斥，要求他好好吃饭。	□
❸ 包揽一切，直接给孩子喂饭，省去很多麻烦。	□
❹ 只给宝宝准备他不喜欢吃的，通过这种方式纠正偏食、挑食行为。	□
❺ 立好规矩，严格按规矩做，不守规矩就不让上饭桌。	□
❻ 立了规矩但总做不到，批评一次最多好两天，宝宝就是不愿好好吃饭。	□

如果您勾选了上述选项，说明您需要多了解一些有关宝宝吃饭的习惯培养问题。

关键知识

宝宝偏食、挑食、边吃边玩，让很多家长头疼，但吃饭问题不是天生的，是后天喂养或某些疾病造成的。从饮食结构看，2 岁多的宝宝已接近成人的饮食，基本上所有的饭菜都能消化、吸收了，饮食均衡、全面是他健康成长的前提；从自主饮食能力看，宝宝还处在手部敏感期，小肌肉发展迅速，是学习自主进食的黄金期。

如果 2 岁多的宝宝出现偏食、挑食、边吃边玩等现象，要引起父母的高度重视，这是宝宝养成了不好好吃饭的坏习惯，越早调整越好。父母首先思想上要高度重视，认识到吃饭对宝宝的重要性，然后认真观察宝宝的进食情况，查找偏食、挑食的原因，变化饮食花样和制定吃饭规矩，帮助宝宝改掉这一生活坏习惯，培养宝宝自主进食。只要做法得当，每天坚持，就能改变宝宝的不良饮食现象，养成全面均衡、自主饮食的良好习惯。

建议方法

理解、接纳宝宝，分析导致饮食问题的原因

父母首先要明白，宝宝出现偏食、挑食、边吃边玩等问题，主要不是他的原因，而是大人的教养方式导致的。一般来讲，导致宝宝饮食问题的原因有：

1. 零食太多，餐间零食吃饱了；
2. 方法不当，喂饭成习惯或者常用玩具、动画诱惑宝宝吃饭；
3. 榜样不良，家长常边吃边做事，如接打手机；
4. 生理原因，缺乏微量元素或脾胃虚弱。

如果是生理原因，家长要赶紧带宝宝去医院检查。其他原因基本上是成人的问题，调整和纠正也要从成人的教养方式做起。

适当调整改变，营造轻松愉快的饮食氛围

找到原因后，父母要对之前的教养方式做出调整，收掉过多的零食，吃饭前收起玩具或关掉视频，与宝宝一起准备他的碗筷和餐椅，播放一些活泼轻快的背景音乐，告诉他“我们吃饭啦”，在轻松愉快的氛围中，全家开始用餐。刚开始调整习惯时，让宝宝决定吃什么、吃多少和吃饭的速度，按照自己的喜好和节奏享受吃饭的过程。如果他仍吃得慢、不吃、边吃边玩或吃一半要去玩，不要盯着他，也不要催促或批评，可以跟他讲“这顿吃完了，中间没有东西吃，直到下顿才有吃的”，然后让他去干自己想干的事。饭点之间不给吃零食，如果他饿了，给他喝点水或带出去玩。下一顿他真的饿了，自然会对食物感兴趣。

建立仪式感，引发宝宝的好奇和重视

如果要改变宝宝吃饭的习惯，也可以从仪式感做起。每次吃饭前，都放

轻柔的音乐，让宝宝参与洗手、系围兜、摆餐具等过程。吃饭时，固定宝宝的位置，让他和大人一起坐上餐桌，全家坐齐后开始共同用餐，边吃边轻声交流、慢慢咀嚼，一般不做与用餐无关的事，吃完收好自己的餐具，打招呼后可轻轻离开餐桌。吃饭后，妈妈邀请宝宝一起收拾、洗刷餐具等。把吃饭流程基本固定下来，建立仪式感，引发宝宝重视，增加好奇心和参与兴趣。长此以往，每次音乐响起时，宝宝就知道该吃饭了，会主动按照吃饭的流程走，有利于训练自主吃饭能力。

以身作则，做好规则教育与饮食教育

如果家庭中成人有挑食、偏食或不专心吃饭的情况，不经意的抱怨或接打电话，都在宝宝的观察范围之内，时间长了他会模仿。因此，在宝宝的饮食习惯养成期，父母要特别注意以身作则，吃饭时专心吃，荤素都吃，尽量“光盘”等，不做与吃饭无关的事，略微夸张地表现出“好吃、真香”的样子，树立正确形象，让宝宝模仿积极正向的行为。还可分多次用不经意的话语，把用餐规则讲给宝宝听，如吃饭时家人到齐才能开始，说话要轻声，吃饱了收拾好自己的碗筷再离开。也可以边吃边给宝宝介绍一两种菜的名称、味道、营养等，注意要用宝宝能理解的语言，让宝宝逐步理解吃饭的规矩和意义。

提供可口饭菜，培养自主饮食良好习惯

注意饭菜的色彩、软硬、大小等要适合宝宝年龄，把蔬菜切短、切小、切细，土豆做软一些，鱼肉去掉刺，尽可能每天更换食材和烹饪方法，给宝宝看到丰富多彩的菜色和品种，既均衡营养，又增加食欲。对于 2 岁多的宝宝，如果之前还有喂食行为，要果断放弃，放手让他自己用餐，弄脏和弄掉都不要在意，看到宝宝比上一顿饭有进步，大人就要予以肯定和表扬。在其他人都吃完或到了跟宝宝约定的时间时，不管宝宝吃了多少，都相信他吃饱

了，告诉他这一顿用餐结束了。整个吃饭过程家长要尽量少干预，用最大的耐心陪着宝宝养成好习惯。

重点回顾

偏食、挑食、边吃边玩这些令父母头疼的饮食问题，大多数是因喂养方式不当造成的，父母要抓住培养自主进食的黄金期，在理解宝宝的不良吃饭行为后，根据原因调整和改变喂养方式。在轻松愉快的进餐氛围中，建立用餐仪式感，树立良好的用餐榜样，为宝宝制作可口的饭菜，吃饭时不经意间渗透用餐规则和饮食教育，放手让他自主用餐，不在意他吃了多少、吃得怎样，相信他能自己吃饱，用最大的耐心陪着他养成良好饮食习惯。

父母总强制性不让孩子哭，怎么办？

典型情景

小贝，2岁多。爸爸妈妈认为爱哭的孩子没出息，从小就对小贝严格管教。每当小贝哭泣时，爸爸妈妈都会说“不许哭”“再哭就不要你了”“这点小事儿就哭，长大了怎么办？”。可小贝毕竟年龄小，憋着不敢哭出声，实在忍不住时，哭的声音更大了。做幼儿教师的小姑来小贝家做客，看到这个场景，跟哥嫂说孩子有委屈要让他哭出来。小贝的爸爸妈妈一下子愣住了，难道不让孩子哭，还做错了？

对照判断

想一想，面对委屈的宝宝，作为家长，您有下列行为吗？

表现	判断
❶ 宝宝哭泣时，用强硬的语言命令他“不许哭”。	□
❷ 把宝宝拉到一个安静的角落，告诉他“不许哭，再哭就不要你了”。	□
❸ 告诉宝宝要做男子汉，男子汉是不能随意哭的。	□
❹ 先哄一哄宝宝，没效果就打，让宝宝强行把哭憋回去。	□
❺ 听到宝宝哭就赶紧搂抱宝宝，拿零食或玩具哄，尽量不让他哭。	□
❻ 先进行抚慰，如果宝宝继续哭泣，就把他抱到一个安全、安静的地方，看着他直到他哭累自己不哭为止，然后拥抱和亲吻宝宝，告诉他爸爸妈妈很爱他。	□

如果您勾选了除最后一项之外的选项，说明您还不了解如何与情绪中的宝宝沟通，请接着阅读后面的内容。

关键知识

因为表达能力有限，哭是宝宝的另一种语言，他以此来表达需求、宣泄情绪、缓解内心压力或引起他人注意。日常生活中，如果父母总是强制性不让宝宝哭，宝宝的情绪得不到释放，心理需求不能被满足，宝宝就会因为内心忧郁而养成胆小、自卑、暴躁等性格和恐惧心理，以及疏远的亲子关系。

而且，2 ~ 6 岁是培养宝宝情绪识别能力、应对能力、表达能力的关键期，父母太多的情绪打压，一方面会降低宝宝的情商，无法让孩子学会合理的情绪表达，对生理和心理都是一种伤害；另一方面直接影响宝宝安全感的建立和与父母的亲密关系。

因此，父母要明白婴幼儿情绪宣泄的重要性，可在教养过程中让宝宝慢慢体会和认知自己的情绪，逐步培养他情绪管理的能力。

建议方法

如果您对宝宝哭不知所措，希望以下方法能帮到您。

学习管理自己的情绪，无条件接纳孩子的情绪

当孩子大哭时，很多父母的心理是崩溃的，会不自觉地心烦意乱而情绪上头，从而通过大声呵斥、吓唬等控制手段不让宝宝哭，这样做不仅不利于孩子表达脆弱的感情，而且父母用自己的情绪来控制孩子的情绪，会起到一种负面的示范效应，不利于孩子学习情绪管理。

随着孩子一天天长大，父母学习理智地控制自己的情绪非常重要。在

宝宝哭时，父母要尽量保持冷静，可以通过深呼吸、数数或想想宝宝可爱的样子等方式，让自己平静下来，然后心平气和地与孩子共情，询问他哭的原因。比如，可以说:“宝宝哭了，是遇到了什么问题，对吗？告诉妈妈好吗？”父母无条件接纳宝宝的情绪，做优秀的倾听者，引导宝宝把情绪宣泄的方式从哭泣转变为言语表达，用爱让孩子的内心变得强大起来。如果宝宝情绪比较严重，仍不停哭泣，父母可以把他放在一个安全、安静的地方让他尽情哭，等他宣泄完情绪后再询问原因，解决问题。

适度给爸爸干预的机会，耐心等待宝宝宣泄情绪

完全放任宝宝哭泣也不是好的教养办法。对经常哭泣的宝宝，妈妈无计可施时，可以让爸爸出面适度干预，让他和宝宝沟通:“告诉爸爸你为什么哭，爸爸帮你一起解决。”如果平时大部分时间是妈妈照护宝宝，爸爸的关注一定会引起宝宝的注意，他可能会暂时停止哭泣。如果宝宝诉说哭泣的原因，爸爸要耐心倾听。听完诉说后，对于宝宝合理的诉求，要和他一起商量如何满足，并告诉他下一次可以不用哭泣，直接告诉爸爸要干什么。对于不合理的诉求，可以采用延迟满足或转移注意力等方式来处理，树立爸爸的威望。

鼓励爸爸主动参与教养，培养宝宝坚强的性格

通常 2 岁的宝宝开始有性别区分意识，男性坚毅、敢于冒险和探索的精神，有助于宝宝培养自信、独立、坚强、创新等个性特征。如果平时宝宝比较爱哭，妈妈一定要鼓励爸爸参与教养，让爸爸主动承担起父亲的角色，经常跟宝宝交流活动、一起玩耍等，为宝宝树立与人交往、个性品质等方面的男性榜样，让他感受“不哭”的力量，培养勇敢、坚强、不爱哭的个性。比如，爸爸可以与宝宝达成一个“秘密约定”，鼓励宝宝学习用语言表达情绪和诉求，逐步改变宝宝用哭表达需求的方式。

切忌简单粗暴，从哭开始进行情绪启蒙

父母强制性不让宝宝哭，不仅阻碍了宝宝宣泄情绪、满足需求的通道，而且树立了不良的模仿对象，容易让宝宝学会用这种简单粗暴的方式处理情绪。

哭泣是婴幼儿时期比较常见的情绪表达方式，有人说哭泣是孩子的第二语言，如果宝宝平时比较容易哭泣，父母与其用命令的方式不让宝宝哭泣，不如从小开始对他进行情绪启蒙。可以把宝宝大哭的声音录制下来放给他听，并让他观察别的宝宝大哭的状态，对比别的孩子哭和笑的不同状态等。也可以给他读关于哭的绘本，如《不要哭，清楚地说》，让宝宝感知哭和笑这两种最基本的情绪，学习“不哭”的表达方式。

重点回顾

哭泣是低龄孩子的第二语言，父母经常用命令的语言等方式强制性不让宝宝哭，对他的身心发展都会造成伤害。因此，面对宝宝哭泣这一问题，父母要学习控制自己的情绪，接受宝宝的情绪，通过理解和共情，满足宝宝的合理需求，转移他的不合理要求。

如果宝宝经常性哭泣，2 岁起爸爸要尽量主动参与教养和教育，以男性的性格特征影响宝宝，在人际关系、个性品质、价值导向等方面树立榜样，帮助宝宝逐步改掉爱哭的表达习惯。父母还可以从让宝宝认知、感受哭和笑这两种最基本的情绪开始，对宝宝进行情绪启蒙，帮助他学习“不哭”的表达方式。

宝宝跟着老人学习方言怎么办？

典型情景

花花，2 岁，因为妈妈忙，最近奶奶从老家来帮着照顾。3 个月后，妈妈发现，花花的普通话开始夹杂着老家的方言，而且可能是觉得有趣，花花时不时用方言重复奶奶的话。原来，奶奶不会说普通话，只能用方言跟花花交流，时间长了，花花就开始跟着老人学方言。妈妈陷入了焦虑，让奶奶走吧，花花没人照顾；留下奶奶，花花可能会学一口方言，怎么办呢？

对照判断

如果您家宝宝是由老人照顾的，他有下列语言现象吗？

表现	判断
❶ 宝宝跟着老人学方言，普通话都讲不好了。	□
❷ 宝宝“见啥人说啥话”，与老人交流用方言，跟父母交流用普通话。	□
❸ 宝宝把方言夹杂在普通话中，经常出现玩伴听不明白的现象。	□
❹ 宝宝满口方言，不愿意学习普通话。	□

想一想，如果您家宝宝跟着老人学习方言，您是怎么处理的呢？

表现	判断
❶ 不管不问，任由宝宝学说方言。	□

续表

表现	判断
❷ 着急上火，赶紧把老人送回老家，怕影响宝宝语言发展。	☐
❸ 不停纠正，用自己的努力调整宝宝的表达方式。	☐
❹ 与老人商量，让他学说普通话，为宝宝创造良好语言环境。	☐
❺ 一有时间就与宝宝说普通话，希望扩大普通话的影响，减少他学方言的机会。	☐

如果您勾选了以上选项中的任何一个，说明您对宝宝语言敏感期的了解还不够。

关键知识

0～6岁是宝宝语言发展的敏感期，其中2～3岁是“语言接受”向“语言应用”转化的过渡期。此时的宝宝语言接受力强，学习快，对新语言好奇，能在稳定和自然的语言环境中，同时掌握多种语言。宝宝跟着老人学习方言，并不意味着他学不会普通话。所以，对6岁以前的宝宝，如果有相应的语言环境，家长又处理得当，他能同时学会方言和普通话两种表达方式，这不仅能促进他语言组织能力的发展，提升他对不同语言系统的把握，而且能增强他对家乡文化的认知和情感。这个年龄段的宝宝学英语等其他语言，也是同一道理。

建议方法

如果您家宝宝跟着老人学方言，请您不要紧张，宝宝的语言能力，大大超乎您的想象。

不逼迫老人或孩子改变，顺其自然让宝宝学点方言

很多家长对宝宝学说方言的第一反应，是怕影响宝宝学习普通话而急于纠正，很多家长还把老人送走或让老人尽量跟宝宝说普通话，或者用各种方式禁止宝宝学说方言。

2 ~ 3 岁的宝宝处在语言敏感期，在语境中能同时学会多种语言。如果把方言看成一种语言，就可以用更加平和的态度看待宝宝学方言的问题了。约克大学健康学院的研究表明，双语环境下宝宝对学习新规则和预测目标表现得更好，拥有更好的注意力，对大脑发育更有好处。美国儿科学会也认为，孩子不会被两种语言扰乱，很小就开始接触甚至用固定的某两种语言，孩子会同时学会它们。家长中也不乏小时候说方言，现在普通话很好的案例。所以，对宝宝学方言的问题家长不要焦虑，可以顺其自然让宝宝学着说，或许对他终身发展有利呢！

讲讲普通话和方言的故事，让宝宝了解语言的多样性

在宝宝对方言感兴趣的时期，家长不妨跟宝宝讲讲普通话和方言的故事，让宝宝理解普通话是中国人的标准化语言，是大家都能听懂的，方言是地方语言，是老家那个地方的人说的。方言有很多种类，相互之间有可能是听不懂的，但是，不管说哪个地方方言的人，基本都能听懂普通话。让宝宝了解普通话和方言的区别与联系，感受地方方言的乐趣，了解汉语语言的多样性。

多创设普通话语境，鼓励宝宝学习标准的普通话

如果担心学方言影响宝宝说普通话，家里除老人之外的其他人，最好都跟宝宝说普通话。父母要留出跟宝宝面对面交流的时间，如早上洗漱、睡前讲故事时间等，利用面对面的亲子互动，进行高质量的普通话交流，这种交流越多，孩子的语言能力就越好。如果父母没有足够的时间陪宝宝，可以尝

试为他寻找一个自然的社交环境，如早教中心、托育中心等。如果经济或其他条件不允许，也可以选择系列的普通话版儿童剧、儿童故事、动画片等，委托老人播放给宝宝听、看和说。注意观看动画片的时间，一般每次不要超过 15 分钟。普通话环境多了，自然也能消除部分方言的影响。

教会宝宝用与对方相同的语言交流，避免交往中遇到尴尬

方言代表的是一种家乡地域文化，对家乡之外的人会造成交流障碍。如果宝宝因说方言影响到社会交往，可以明确告诉他方言是与奶奶（家中老人）交往的独特语言，只在与奶奶说话时使用；宝宝与爸爸妈妈或小伙伴说话时，要用爸爸妈妈平时跟他说的普通话。让宝宝学会在同一种语境下，用一种语言与别人交流，不同时混杂普通话和方言。如果宝宝已经在普通话中夹杂了方言，可以把方言挑出来，用普通话说几遍，鼓励孩子跟着重复，告诉他这样说别人更能听懂，引导宝宝自己调整。一段时间之后，宝宝领会到方言和普通话的“真谛”，就会“见啥人说啥话”，看到奶奶说方言，与其他人说普通话。

重点回顾

2 ~ 3 岁时宝宝处在语言敏感期，是学习语言最快的时期，如果照顾孩子的老人说方言，宝宝很容易因感兴趣而跟着学。如果处理得当，宝宝学习方言并不影响他学好普通话，反而可能因为同时学习两个系统的语言，提升他的语言和感知能力。所以，家长不要强迫老人或孩子改变语言习惯，任由宝宝跟着兴趣学说方言。但家长可通过讲故事等方式，让宝宝理解普通话与方言的关系，增加宝宝沉浸在普通话语境中的机会，让宝宝学着与对方说相同的语言，避免普通话和方言混杂造成混乱，也避免为孩子的交往带来尴尬。

祖辈特别宠溺宝宝怎么办？

典型情景

平平，2 岁半，聪明伶俐，嘴巴特别甜，“亲爷爷、爱奶奶”，经常跟爷爷奶奶说好听的话，爷爷奶奶简直把平平宠上天了。明明家里已经有很多玩具，但只要平平张口，爷爷奶奶就毫不犹豫去买；明明要求平平自己穿衣吃饭，但爷爷奶奶还是代劳一切；明明平平做错了事情，爷爷奶奶不但不制止，反而帮着掩饰。他们这么宠溺孩子，把孩子教养坏了怎么办？

对照判断

您家是祖辈跟您一起照顾孩子吗？您是否遇到了下面的现象？

表现	判断
❶ 老人大包大揽孩子力所能及的事，孩子衣来伸手，饭来张口。	□
❷ 孩子成了“小霸王”，发脾气打人时，老人笑呵呵地默默承受。	□
❸ 老人夸奖孩子成了习惯，无论孩子做什么，都夸“棒！棒！棒！”。	□
❹ 孩子的眼泪是“万能武器”，只要不哭，一切好商量。	□
❺ 孩子做错事时，老人或极力维护、推脱责任，或不痛不痒、轻松带过。	□
❻ 老人对孩子的要求无条件满足，背着您偷偷和孩子一起打破规则。	□

如果您家的祖辈出现上述宠溺宝宝的现象，您是不是觉得很头疼呢？

关键知识

祖辈宠溺宝宝，即所谓的“隔代亲”，是一种常见现象。祖辈经历了大半辈子人生，对现代生活以及物质追求已经看淡看轻，却在宝宝身上看到了生命的延续和被需要的价值，会不自觉地把自己认为最好的给宝宝，容易造成过度给予，从而产生溺爱。另外，祖辈过往人生的苦难经历，以及当年对自己孩子疏于照顾，也会让老人产生补偿心理，主动给第三代宝宝最好的保护和照顾，这也容易导致过犹不及，形成溺爱。

如果祖辈宠溺宝宝，一般都会和父辈产生不一致的教养行为，时间长了，宝宝会产生思想和行为上的混淆，不利于宝宝健康成长。因此，遇到祖辈宠溺孙辈，父辈不能听之任之，要趁宝宝年龄小，及时应对，妥善处理。

建议方法

父辈夹在祖辈和孙辈之间，处理祖辈宠溺孙辈是一个棘手问题，看看以下方法建议，希望能帮到您。

保持情感联结，诚恳表达立场

父辈可先与祖辈沟通宠溺宝宝的不良影响，然后以诚恳而尊重的态度，与祖辈讨论溺爱宝宝的问题。父辈在沟通中，要注意先与祖辈建立充分的情感联结，夫妻双方尽量与自己的家长而不是对方家长沟通。可以将话题从如何把宝宝培养得更优秀的讨论上，自然引到对宝宝日常表现的观察和分析上，再引到宠溺宝宝可能造成的后果，邀请老人一起提高认知和理解问题，共同探讨解决办法。

交流中，要注意始终聚焦在宝宝身上，不批评和指责老人，也避免让老人感受到被批评和指责。只要父辈能帮助祖辈意识到宠溺宝宝的利害关系，祖辈大多能更加积极和主动地调整照顾方式，减少溺爱行为。

与祖辈共同学习，增长育儿知识

祖辈育儿的经历已经过去很多年，随着年龄增加，学习能力也逐步减弱，难免会观念滞后，认识不到自己的溺爱行为对宝宝带来的伤害。特别是很多老人认为 2 岁宝宝太小，根本没必要那么严格要求。父辈可以利用现代便捷的手段，有的放矢地帮助祖辈学习育儿知识，如购买育儿书籍，教会祖辈使用育儿 App，邀请祖辈共同参加家园共育课程等。当祖辈明白 2 岁宝宝的主要教养内容，掌握现代育儿技巧后，会自觉减少宠溺，主动科学育儿。

感谢、鼓励祖辈，建立一致的育儿规则

如同宝宝一样，祖辈也需要被看见和鼓励。父辈可以邀请祖辈和宝宝一起，商量日常生活的原则和界限，如召开家庭会议，选择大家都同意的内容作为家庭规则坚持下来。当祖辈老人遵守规则或有意识地减少对宝宝的纵容娇惯时，父辈要及时地肯定祖辈的行为，即使祖辈有意无意偶尔“违规”，父辈也不必着急生气，可以理解并温和而坚定地与祖辈沟通，借机再次强化祖辈对宠溺后果的理解，强调坚持遵守家庭规则的重要性，给祖辈逐步调整的时间。

注重求同存异，避免激化矛盾

如果祖辈性格固执，父辈与祖辈的沟通不畅，也要本着求同存异的心态，避免产生和激化矛盾，因为和谐稳定的家庭关系对宝宝的成长更加重要。要知道对宝宝品行人格影响最大的，永远是宝宝的父母。这时候如果改变不了祖辈的行为，父辈要主动与宝宝保持更加紧密的联结，多陪宝宝游戏，共同做生活中的事情，在亲子互动中着重培养宝宝独立、分享、守规

矩、关心他人等优良品格。宝宝本身有了良好品格，一些被宠坏的习惯自然就能逐渐得以纠正。

重点回顾

祖辈在对幼儿进行无微不至的照料时，也会极端溺爱。父辈要认识到这一客观现实，首先承认和理解祖辈的意图，然后根据家庭情况，通过帮助祖辈学习育儿知识、让祖辈参与制定家庭规则以及多与祖辈沟通等各种方式，营造温馨家庭氛围，明确家庭规则要求，减少祖辈宠溺行为。在沟通过程中，家里父辈要注意照顾祖辈的心态和心理需求，把握好爱与规则的尺度，做到有效平衡。

如果不能改变祖辈的宠溺态度，父辈要更多地参与宝宝的照顾和玩耍，用自己的行动教育宝宝养成良好的品格和行为。

亲子沟通与有效互动

2岁宝宝的语言和行为能力日渐增长，他们开始模仿大人的行为；他们有了更多探索欲望，什么事情都想亲自试试看；他们有了自己的小想法，不再愿意跟别的孩子分享玩具；大人忙着做家务的时候，他们会充满热情地主动抢着干，却经常碍手碍脚。面对这个阶段的孩子，家长能跟他们讲道理吗？怎么跟孩子玩游戏，又怎么帮助他们学会分享呢？

宝宝学着妈妈化妆，应该阻止吗？

典型情景

贝儿，2岁5个月。妈妈带着贝儿在卫生间搓洗她的小衣服时，手机响了，安顿好贝儿，妈妈跑到房间接了一个长长的电话。再次回到卫生间时，妈妈吓了一大跳，只见贝儿的小脸红一道、黑一道，涂得像个“小妖怪”。原来，贝儿觉得洗衣服没意思，在卫生间发现了妈妈的化妆品，学着妈妈给自己化了个“大浓妆”。看着乱七八糟的眼影、口红、眉笔，妈妈又好气又好笑。贝儿这么小，难道就有这么强的爱美之心了吗？

对照判断

看一看，您的孩子有这种现象吗？

表现	判断
❶ 教宝宝一些动作，他现场做不出，过几天却突然做得一模一样。	□
❷ 爸爸偶尔在饭桌上说“扯淡”，有一天宝宝剥不开鸡蛋，狠狠地说“扯淡”。	□
❸ 穿上妈妈的高跟鞋，一歪一扭地模仿妈妈走路。	□
❹ 用买来的玩具厨具，学着奶奶烧饭、盛饭、吃饭。	□

您注意到宝宝这些模仿行为了吗？您是怎么应对的？

表现	判断
❶ 觉得宝宝只是模仿着玩，没有过多干预。	□
❷ 惊叹宝宝的模仿能力，怕他学坏，尽量带他接触正向行为。	□
❸ 看到宝宝幼稚的模仿，嘲笑他“小人干大事”，制止他的行为。	□
❹ 尽量多教他唱歌、跳舞、做家务，让他模仿个够。	□

如果您勾选了第 2、第 4 两项，说明您很懂育儿之道，继续努力吧。

关键知识

宝宝模仿妈妈化妆，可能是出现了延迟模仿。这种模仿是 2 岁后宝宝较多的行为。比起直接模仿，延迟模仿是宝宝当时没有模仿看到的动作，过了一段时间后还能进行的模仿行为，是比直接模仿发展水平更高的行为。

2 岁后，随着生活经验的增加和思维的发展，宝宝能把其他人的动作保存在记忆里，在头脑中形成自己的标准，在某一特定场合进行模仿或再现，有时会有一些稀奇古怪的想法和莫名其妙的动作，如打人、模仿大人特定行为等。家长要关注这个阶段宝宝发展的特征，注意他周边的模仿环境，如果出现模仿打人、骂人等行为，应及早纠正。

但延迟模仿意味着宝宝的记忆和再现记忆能力初步成熟，家长首先要以身作则，平时注意自己的言行举止，不给宝宝留下负面行为去模仿，帮他养成好的行为习惯。其次，可在无意注意的基础上培养宝宝的有意注意，以游戏的方式激发他的求知欲。如引导宝宝寻找目标，做一些小实验和智力活动等，让他集中注意力去思考和解决问题，增强注意和记忆的动机，锻炼思维能力。

建议方法

延迟模仿是宝宝记忆力发展的标志，家长要趋利避害，帮助宝宝养成好习惯，培养有意注意。

关注延迟模仿现象，及早纠正不良行为

延迟模仿是滞后性的模仿，使孩子的行为呈现“后显性”。如果家长忽视宝宝对不良行为的模仿，可能会埋下隐患，当未来突然看到宝宝表现出不良行为时，会感到无奈和后悔。因此，家长要理解延迟模仿的特点，注意观察宝宝周边的生活环境，尽量少接触那些不愿意宝宝模仿的行为动作。

如果无意中宝宝模仿到了不良行为，如模仿别的孩子打人、骂人等，家长要及早纠正。可以与宝宝讨论对这些不良行为的看法，让他明白这样做是不对的。也可以与宝宝商量想打人、说脏话时怎么办，给他的负面行为寻找疏解通道。

家长要理解宝宝模仿的好奇心或者当时的情绪，但不能支持他不良的行为，要通过现实、故事、游戏等方式，让宝宝理解不良行为带来的后果。

理解延迟模仿特点，树立良好模仿榜样

2 岁宝宝的延迟模仿，主要是模仿身边人的语调、动作和行为，这一行为持续到 4 岁左右，开始进入更高级别的模仿。父母是宝宝接触时间最长、关系最密切的人，更是他最好的模仿对象。父母的言行举止在潜移默化中影响着宝宝。宝宝看到父母的行为后，可能不是马上模仿出来，但这些言行都被复刻了下来，可能会在不经意间模仿出来。

卢梭说：“既然你无法阻止孩子去学别人的样子，那你就尽量把那些样子塑造成孩子去模仿的模样。”所以，在发现宝宝模仿的行为不合适时，不要指责他的行为，而要理解他进入了延迟模仿的高级发展阶段，从而更加注

意自己的言行举止、语音语调，甚至兴趣爱好等，以身作则，为宝宝树立正面的模仿榜样。

善用延迟模仿能力，学习和锻炼宝宝的行为技能

家长可以利用宝宝喜欢延迟模仿语言和动作的特点，锻炼宝宝的日常行为技能。如平时吃饭时，给宝宝准备一双儿童专用筷子，简单把使用筷子的方法告诉他，让他看大人如何用筷子夹食物。如果宝宝开始延迟模仿，也许当时他仍不会用筷子，但忽然有一天，他就能自己拿起筷子去夹菜，虽然一开始不熟练，但总比到 4 岁小肌肉成熟时突然训练使用筷子要好很多。日常生活中的穿鞋、穿衣服、读书等，都可以这样锻炼。一开始不要对宝宝提要求，只是展示给他看，也许他学习的速度比家长预想的还要快。

这里特别需要注意的是，2 ～ 3 岁的宝宝小肌肉发育不成熟，家长不要强迫宝宝用筷子或训练其他行为技能，要让宝宝跟着他的本能走，让他通过模仿去习得这些动作，否则容易给宝宝造成压力而使宝宝不再愿意继续学习这些技能。

留心观察周边环境，创设良好成长氛围

我们都知道“孟母三迁”的故事，“昔孟母，择邻处”，孟子的母亲为了给孟子一个良好的生活环境而多次搬家。2 岁的宝宝没有辨别对与错、是与非的能力，看到的都会去模仿，环境对他的影响非常大。如果经常在球场上，他可能很快就学会踢球；如果经常在图书馆，他可能会爱上读书。父母要尽可能让宝宝融入正确和积极的环境中，如家庭成员经常读书、一起散步等。

而且，单一的家庭环境已不能满足宝宝的成长需要，家长多要带宝宝去各种场所，包括公园、超市、游乐场、野外等，给他提供丰富多彩的外界环

境，创设延迟模仿的积极场景。家长也要避免带宝宝去一些不利于宝宝成长的环境，如赌博现场、打架现场等。

重点回顾

延迟模仿是宝宝在 2 岁前后发展的学习行为，是比模仿更加高级的发展水平，但它使宝宝的行为呈现“后显性”，家长可能会因当时宝宝没有模仿而忽略一些消极的环境。

当家长发现宝宝有不良的模仿行为时，要及时纠正，同时家长也要理解延迟模仿的特点，多观察周边环境，让宝宝在积极的环境中吸收模仿。父母还要在家中为宝宝树立良好模仿榜样，设置有利于宝宝学习的日常行为场景，培养他的日常生活行为能力，引导宝宝在潜移默化中养成良好行为习惯。

和 2 岁宝宝讲道理他能听懂吗？

典型情景

2 岁半的周周，能听懂很多话了，对世界充满好奇，活泼好动，却也因此不断做出危险动作。为保护周周的安全，妈妈不厌其烦地和他讲道理，从受伤疼痛讲到生命教育，但周周似乎不想听，也听不明白，依然我行我素，继续做着各种危险动作。妈妈跟他说，小区的锻炼器材是给大人用的，爬上爬下很危险，掉下来会摔伤的，他依然不断地爬啊、钻啊，弄得妈妈胆战心惊。妈妈想知道，2 岁的宝宝能听懂道理吗？遇到这种情况怎么办？

对照判断

看一看，您家孩子有这种现象吗？

表现	判断
❶ 任凭家长怎么讲道理，他都当作“耳旁风”，依然我行我素。	☐
❷ 讲完道理要求宝宝承诺，宝宝一般答应得非常顺利，结果依然如故。	☐
❸ 对家长讲道理非常抗拒，把“不听、不要”挂在嘴边。	☐
❹ 睁大眼睛看着家长讲道理，似乎没听明白，又似乎听明白了，该做的事照样做。	☐

面对上述孩子“听不懂”的情况，您是怎么处理的？

表现	判断
❶ 一遍不够讲两遍，一直讲下去，并教宝宝怎么答应允诺。	□
❷ 不管听不听，能不能听懂，反复跟宝宝说教、讲道理。	□
❸ 在讲道理没有效果后，用训斥、打骂、惩罚等教育宝宝。	□
❹ 不讲道理，把宝宝放在冷静角反思，直至他承诺改正。	□
❺ 不讲道理，直接告诉宝宝正确的做法并强制执行。	□

如果您有上述表现，说明对如何帮助 2 岁多的宝宝纠正行为，您还需要进一步学习。

关键知识

按照皮亚杰的认知发展四阶段论，2 岁多的宝宝处于前运算阶段（2～7 岁），思维模式是具体形象思维，他能掌握代表实际物体的概念，如“桌子”“椅子”；能依靠事物在头脑中的颜色、形状、声音等形象来思维，如看到兔子会说“小白兔”，但对于“家具”“动物”这类抽象的概念难以理解。而且，这个年龄段的宝宝大多以自我为中心，往往只从自己的角度出发思考问题，不会采纳别人的观点，更不会注意到别人的意图，也做不到按事物本身的特点想问题。

由于宝宝的这种思维特点和自我意识，导致尽管妈妈讲了很多道理，如果这些道理都是抽象的、概括的、成人化的，宝宝基本无法理解，就变成了对牛弹琴。家长要了解宝宝的特点，用具象的语言和体验的方式给宝宝“讲道理”，逐步调整和改变他的行为。

建议方法

如果您给 2 岁多的宝宝讲道理遇到了瓶颈，请考虑以下方法和建议。

不用成人化语言或重复的方式讲道理

2 岁多的宝宝处于自我中心、具体形象思维阶段，是不会听，也听不懂家长讲的成人语言和重复道理的。成人语言过于抽象和概括，宝宝理解不了，也不想理解。如果讲道理时语言再过于生硬，家长想怎么说就怎么说，结果很可能是大人生气，宝宝并不明白大人要表达的核心，依然我行我素。

而且，宝宝的表达能力还比较有限，不会向家长表达他没听懂的道理，给家长的感受就是他根本没听。如果家长再反复讲一个道理，以为一遍一遍的重复会让宝宝记住，效果会更加糟糕，不断地重复会变成唠叨，负面的语气容易让宝宝厌烦，更加不想听家长讲道理，严重的还会影响亲子关系。

用宝宝体验过、经历过的感受讲道理

处于以自我为中心阶段的孩子，会用自己的立场和观点去认识事物，自己经历过的事情印象最深刻。家长要抓住这个特点，利用宝宝体验过、经历过的事情讲道理，一起帮他回忆当时的感受，这样才会收获更好的效果。例如，案例中的周周对小区的健身器材感兴趣，一直要爬上爬下，无论家长怎样提醒有危险可能都无济于事，家长可以让他回忆某次从高处摔下来的过程，详细描述他经历过的伤痛的感觉，告诉他小区的健身器材对他来讲有点高，如果不小心摔下来或崴着脚，也会火辣辣地疼，孩子想起当时的不舒服，就会停止危险动作，还深刻理解了“疼痛”的含义。如果宝宝没有这样的经历，可以用手使劲捏一下他腿部的皮肤，让他感受一下腿部

皮肤疼痛的感觉。

用具体形象的描述性语言给宝宝讲道理

利用宝宝具体形象思维的特点，不给宝宝讲大道理，要注意结合情景使用清楚、准确、丰富的描述性语言，用具体形象的描述使宝宝理解。如，比起说“这把剪子很危险，不许拿”，可以说“这把剪子尖尖的、长长的，不小心会划到手，手流血了很疼”，宝宝理解不了“危险”，但“尖、长、流血、疼”就好懂得多。家长还可以准备一些色彩鲜艳、画面生动、情节有趣的行为习惯绘本，亲子共读，引导宝宝理解绘本的描述性语言，在听故事中学习好的行为。给宝宝讲道理，切忌语言概念化、复杂化、成人化，宝宝理解不了抽象的概念，也记不住复杂的行为。

声情并茂，用表情、情绪和语调让宝宝明白道理

宝宝出生几个月就能读懂家长的表情，自我为中心的宝宝也非常善于察言观色。如果家长有不高兴的情绪或动作，他会琢磨这个表情或行为的含义。比如，宝宝不爱吃青菜，给他吃的青菜全吐出来时，妈妈可板起脸来告诉他，如果不爱吃可以告诉妈妈，吐得桌上脏脏的，妈妈不高兴。宝宝看到妈妈的表情，可能也不高兴，但他理解了青菜不能吐在桌上，吐在桌上妈妈不高兴。然后，妈妈可以继续跟他讲，如果长期不吃青菜，会生病打针，并绘声绘色地描述最近一次带他去医院打针的场景，最后鼓励他尝一尝青菜。

对 2 岁多的宝宝来说，与其简单直白地空讲道理，不如给他一个表达情绪的表情，或者干脆声情并茂地讲个故事。他理解表情、听懂故事，也就听懂道理了。

寓教于乐，在游戏、动作示范中让宝宝明白道理

游戏是最好的学习方式，行动是对语言最好的解读。孩子听不懂复杂的语言，但他喜欢和父母一起玩亲子游戏，也能看懂家长的示范。家长可以跟宝宝一起做一些小游戏，让他在游戏中理解对与错，并与自己的行为结合起来。也可以用行为动作给宝宝做示范，让他通过理解动作而理解道理，如不让宝宝从高台往下跳，家长可以示范跳的动作，演示受伤的痛苦，宝宝理解后可能就不做了。家长还要注意，宝宝情绪太强烈（如太激动、高兴、愤怒）时，是听不进道理的，要等他情绪平复后再讲道理。

重点回顾

2 岁的宝宝处于具体形象思维和自我中心阶段，会出现不听道理、听不懂道理的现象，这是宝宝的发展特点决定的。父母要理解宝宝的思维和心理特点，跟宝宝讲道理时，不要用成人化语言、不断重复地讲道理，可以利用宝宝体验过或经历过的感受、父母的表情和动作变化、游戏和示范性动作、绘本故事等方式。无论如何，切忌用成人化、概念化、复杂化的语言给宝宝讲道理。

怎么和 2 岁的宝宝玩游戏？

典型情景

小珂，2 岁 10 个月，妈妈这几天公休在家，每天和他一起玩积木、涂画板、比大小，或者带他到公园去，鼓励他拿着小汽车找其他小朋友。然而，细心的妈妈发现，自己参与的游戏小珂并不喜欢，他喜欢拿根木棍当马骑，或者拿着矿泉水瓶打电话，一边嘟囔说话，一边做动作表演，玩得不亦乐乎。妈妈很困惑，小珂这是在干什么？为什么他不喜欢跟自己一起玩呢？

对照判断

想一想，对于和 2 岁多的宝宝玩游戏，您有下列想法和做法吗？

表现	判断
❶ 总给宝宝买各种益智类玩具，陪着他玩，想让他越玩越聪明。	□
❷ 常用玩具打发、应付宝宝，不知道跟宝宝玩什么游戏好。	□
❸ 用以前的游戏和玩具跟宝宝玩，发现他一般都不喜欢。	□
❹ 和宝宝玩游戏时经常黔驴技穷，只能玩自己小时候的游戏。	□
❺ 觉得只要陪着宝宝就行，玩什么游戏都一样，没想过宝宝对游戏需求的变化。	□
❻ 了解到 2 岁多的宝宝有玩象征性游戏的需求，但不知道如何跟他玩。	□

如果您勾选了上述选项，说明您对 2 岁多的宝宝玩游戏的特征还不了解，需要继续学习。

关键知识

皮亚杰认知发展理论认为，游戏是智力活动的一个方面，儿童的认知发展阶段决定他们的游戏方式。0 ~ 2 岁的儿童处于感知运动阶段，主要的游戏类型是练习性游戏，父母陪着玩就是最好的游戏；2 ~ 7 岁为前运算阶段，宝宝发展出象征性游戏，即假装、假扮和幻想游戏，虽然他还玩练习性游戏，但宝宝更喜欢把自己的生活经验或听到的故事，变成自己的游戏行为；7 岁后为规则性游戏，宝宝对游戏有了更高要求。

所以，2 岁多的宝宝正在从练习性游戏向象征性游戏过渡，他有了很强的联想能力，正在练习和训练自己的想象力。另外，从社会参与的角度分析，心理学家帕登还提出，2 岁的宝宝进入平行游戏阶段，有与同伴一起玩同一游戏的愿望，也乐意与同伴一起玩，可一旦进入游戏中，他们依然各玩各的，无法共享规则或相互支持。家长要针对宝宝的游戏力发展阶段，选择合适的内容与方式，和宝宝一起玩好游戏。

建议方法

2 岁多的宝宝玩游戏的方式进入一个新的发展阶段，以下建议方法，应该可以帮您更好地认知宝宝的游戏行为，让您与他一起更好地玩游戏。

亲子游戏是永恒的游戏主题

亲子游戏是家长和宝宝一起玩的游戏，既是儿童游戏的一种形式，也是亲子交往的重要方式。宝宝越小，越需要亲子游戏。亲子游戏囊括各种游戏内容和形式，不仅能促进宝宝生长发育，培养良好性格和行为习惯，而且能加强亲子交流，帮助宝宝形成安全依恋和亲密关系。家长通过提供玩具和材料，以及与宝宝共同活动来进行亲子游戏，能把日常小事变得好玩起来，让宝宝愿意参与。而且，在亲子游戏过程中，家长开心的表情、温和的触摸、亲热的拥抱，都能让宝宝直接感受到爱与关注，使亲子联结更紧密，宝宝更愿意配合家长。所以，对家长而言，只要有亲子沟通的意识，能“蹲下来”平等地关注宝宝，所玩的游戏宝宝感兴趣，可以随时与宝宝沟通和游戏，不要把和宝宝玩局限于某种游戏，否则宝宝会厌烦，从而影响亲子活动的多样性。

提供丰富材料，玩转象征游戏

2 岁多的宝宝，象征游戏处在初级阶段，主要利用与实物外形、功用相似的替代物，以假想的情境和行为反映客观事物或主观愿望，如坐在椅子上开车，哄布娃娃睡觉等。这类游戏还缺乏目的性和主题，内容极不稳定，常随外界刺激或情境变化而经常变化。丰富的材料可以使扮演过程延长，充分刺激宝宝的想象力和创造力。家长可提供与宝宝生活密切相关的、熟悉的物品，如布偶玩具、奶瓶、奶粉桶、铲子、小桶等，鼓励他们自主进行想象和模仿。

这时，家长关注宝宝的游戏需求即可，不必一定要参与宝宝的游戏行为，如果宝宝在游戏时发出邀请，要用积极的态度、语言、行为予以回应，表现出对宝宝游戏的兴趣。在成为宝宝的游戏伙伴后，可以引导宝宝不断拓展游戏玩法，共同体验更多游戏的乐趣。如宝宝玩打电话的游戏，希望妈妈接电话时，妈妈可以用与宝宝相似的象征物，与宝宝一起来段温情模拟对话。

给宝宝留足空间和时间，欣赏平行游戏

很多时候，2 ~ 3 岁宝宝沉浸在自娱自乐中，分饰多个角色，自言自语，这时宝宝正处于平行游戏中。在这一过程中，宝宝需要在自己的小脑袋里构建自己的故事情节，通过故事情境来亲身体验和表达内心情感，使其与外在形式达到“同构”，感受到“交流”的喜悦和自我肯定。这种自我扮演的游戏，不仅能激发宝宝的想象力和语言表达能力，还能减少宝宝的陪伴需求。所以，如果宝宝表现并无异常，展现出积极、乐观的状态，仅仅喜欢独自玩耍，这是孩子的正常阶段，家长不要着急或干涉，只需要提供良好的环境，

在确保安全的情况下，欣赏宝宝的假装、装扮和幻想，让宝宝享受独自游戏的乐趣，慢慢从母亲的怀抱中走向独立。

通过游戏交流，帮助宝宝解决问题

宝宝在象征游戏中，最容易流露真实心声和情感，也容易理解和接纳外界的信息。家长可引导宝宝把日常生活中感兴趣的事情和活动与装扮结合起来，如培养自我服务能力，可在去郊外野餐时让他带着自己的玩具熊，嘱咐他照顾好自己的“好朋友”，在早上起来帮玩具熊刷牙、穿衣等。几次之后，如果宝宝有了照料玩具熊的意识，慢慢会迁移到自己身上，主动学习日常生活中的自理和自主能力。有时，宝宝还会把内心的气愤、焦虑、恐惧等负面情绪通过装扮表演宣泄出来，如果发现宝宝在游戏中有情绪行为，家长要仔细辨识，根据情境予以沟通交流，帮助宝宝消除负面情绪，促进健康心理。

重点回顾

儿童的游戏与认知发展阶段相联系。2 岁多的宝宝从感知运动阶段向前运算阶段过渡，也从练习性游戏向象征性游戏过渡。而且从社会交往角度看，2 岁多的宝宝有了同伴交往意识，但处在平行游戏阶段。家长与宝宝一起玩游戏，要关注宝宝游戏方式的发展特征，提供丰富的游戏材料，关注游戏需求，支持他“玩转”象征游戏，欣赏他的平行游戏，并充分运用游戏发展的特征，将日常生活和情绪教育融入游戏中，促进宝宝健康发展。当然，亲子游戏是永恒的主题，随着宝宝长大，亲子游戏的内容也要与时俱进，但亲子游戏不是指家长一定要亲身参与游戏，只要家长全身心地陪着宝宝，他一个人独自游戏也非常精彩。

宝宝不愿意分享玩具怎么办?

典型情景

土豆，2岁7个月，妈妈带着他在公园玩，他正拿着小铲在铲沙子，他的玩具小车闲置在旁边。这时，有个小朋友想玩他的玩具小车，快步走过去准备拿小车。土豆突然感觉到了，扔下小铲就跑过去，把小车紧紧抱在怀里，还大喊："这是我的，不给你玩，不给你玩。"土豆在家里也是这样，他的小饼干分享给妈妈都不愿意，爸爸盖一下小被子，他也发脾气。土豆独占欲这么强，怎么让他学会分享呢?

对照判断

看一看，您的孩子有这种行为或现象吗?

表现	判断
❶ 看到妈妈把他的玩具或零食分享给其他小朋友，会哇哇大哭。	□
❷ 出门总把自己的东西护得紧紧的，总怕被别人拿去。	□
❸ 自己的东西爸爸妈妈都不能碰，否则会闹情绪。	□
❹ 东西一旦给他就成了他的，再拿走他会哭闹、发脾气。	□

想一想，对于宝宝上述"小气"行为，您是怎样做的?

表现	判断
❶ 在他人面前很尴尬，只能讪讪地解释：“这孩子就是小气，拿他没办法。”	☐
❷ 担心宝宝养成自私、抠门儿的性格，给他讲道理，强迫分享。	☐
❸ 减少他的玩具、食物等数量，让他承担不愿分享的后果。	☐
❹ 认为宝宝小，不懂事，不批评、不支持，随便他。	☐
❺ 阅读关于分享的绘本，给他讲道理，读故事，鼓励他学习分享。	☐

如果您选择了除最后一项之外的选项，说明您还需要深入了解宝宝的分享行为。

关键知识

宝宝不愿意分享，是处在“物权意识敏感期”的典型表现，这时宝宝对那些属于自己的东西相当敏感，除经常使用“我的”外，另一个表现就是自己的东西不愿意分享，如果别人拿了他的东西，宝宝会用各种方式制止，有时还伴有情绪失控或攻击行为。这个话题，我们在本年龄段认识孩子的发展特点那部分，已经从理解和保护宝宝“物权意识”发展的角度，给家长们做了介绍。本话题我们接着上面的讲述，主要从帮助发展宝宝的分享行为来讲讲如何让宝宝“大方”，帮他平稳度过“物权意识敏感期”。

宝宝不愿分享的行为是阶段性的，在 3 岁左右，随着同伴交往增多，他已基本理解“物权”的概念，“确权”行为会逐步消失，进而产生分享行为。所以，这一阶段不要硬性要求宝宝分享，尊重他建构“自我”的过程，为日后的分享行为打下良好基础。

建议方法

如果 2 岁多的宝宝不愿意分享，请参考以下建议方法。

不强迫宝宝分享，尊重他自我建构的过程

当宝宝不愿把玩具或物品分享给别人时，家长不可强迫，更不可不顾宝宝的意愿和情绪，强行把玩具拿走。这会让宝宝觉得自己不被尊重，从而产生逆反心理，讨厌分享对象，有时他还会把玩具或物品抢回来。如果有可能，家长可以参与进去，让宝宝在不知不觉中进行分享。如说：“看啊，我们一起玩汽车比赛，宝宝在这边，小朋友在那边，我们三个比赛谁的汽车跑得快。”然后把汽车分给两位小朋友，此时宝宝的注意力在玩汽车上，可能会忘记另一辆小汽车别人在玩。

家长要尊重宝宝的物权意识，打造宝宝的专属空间，放置他的玩具、物品、书籍，帮助他一起整理自己的物品等。如果宝宝有自己的“地盘”，不经宝宝同意，家里任何人不要轻易动他的物品，需要拿他东西时先与他商量，尊重宝宝自我建构的过程。

与宝宝真诚沟通，创建宽松的分享环境

家长要善于观察宝宝行为背后的心理，和他进行善意的沟通。当宝宝不愿意分享时，可尝试用和善的语言和他协商，比如“××对你的玩具很好奇，让他玩一会儿可以吗？他会再还给你的”，“××想玩你的玩具，跟他一起玩好吗？玩之后玩具还是你的”，让宝宝感到自己不是被剥夺物品，虽然玩具让别人玩但控制权仍是他的，他可以决定什么时候把玩具借出、是否要和其他小朋友一起玩等。

同时，家长要告诉宝宝如果他不愿意跟别的小朋友分享，自己也理解他，尊重他不分享的行为，不会因为他拒绝分享而生气，但如果是他不玩的

玩具，希望他能跟其他小朋友分享。如果在妈妈的“劝说”下，宝宝终于把玩具给了其他小朋友，家长要予以积极的肯定和鼓励，给他一个大大的拥抱，并在小朋友归还玩具时，强调他仍有玩具的归属权。

理解宝宝心理状态，帮助建立物权意识

许多宝宝不愿意分享是因为害怕失去。在发现这一现象后，家长要引导宝宝理解自己的玩具让别人玩，最后还是自己的，鼓励宝宝用借或交换的方式来换取玩具。让他明白，属于他的物品，他可以决定物品的去留、归属和使用权，也可以选择是否与小伙伴一起玩。对于别人的物品，需要征得别人同意才能玩。公园里的公共物品，如秋千等，要遵守先来后到的顺序，和小朋友轮流玩。帮助宝宝建立物权意识，让宝宝明白“自己的东西自己用，别人的东西不能随便拿，更不能悄悄地拿，也不能明着抢；如果是公共物品，谁先拿谁先玩，在哪里拿的还放到哪里去”。宝宝有了这种意识后，不仅能提高他分享的积极性，还能遵守公共秩序，帮助养成良好道德品质和行为习惯。

多用鼓励和亲身体验，引导宝宝学会分享

当宝宝明白“自己的”和“他人的”的概念之后，家长可以进一步引导他学习分享。这时可以从身边熟悉的人开始，如妈妈先把食物分享给爸爸，爸爸道了谢；让宝宝把食物分享给妈妈，妈妈在接受食物后，也要对宝宝表示感谢，然后全家一起共享食物，让宝宝明白分享可以让更多的人开心。同时，家长要多带宝宝到公共场所体验交换、轮流、排队等生活，让宝宝知道大家都是这么做的，从而认可这些方式，获得更多快乐与满足。当宝宝感受到分享的快乐，体验到分享的规则后，就会慢慢建立分享意识，学会分享。

重点回顾

不愿意分享是宝宝在物权意识敏感期的典型表现，除确认东西是“我的”外，宝宝还在建构自我，强迫分享会引发宝宝的情绪，破坏他内心的安全感。这时，家长不要强迫宝宝分享，可以与他沟通交流，创造宽松的分享氛围，理解他自我建构的心态，帮助建立物权意识。然后，带宝宝多体验，鼓励他表现出的分享行为，让他体验分享的乐趣，宝宝会逐步学会分享行为。一般情况下，3 岁后宝宝不再“自私”，能大大方方地与同伴分享玩具和物品。

宝宝抢着干家务，让他干吗？

典型情景

历历，2岁多，最近特别想帮妈妈做家务。妈妈拖地，他抢着拿拖把；妈妈烧饭，他要一起拿碗；妈妈收叠衣服，他也跟着往柜子里放。动作磕磕绊绊，影响妈妈的速度不说，还总帮倒忙，今天碰倒了花瓶，明天把碗掉在地上摔碎了……凡是他插手的事，妈妈总要花更多时间收拾残局。妈妈不让干，他就哭闹撒泼。历历抢着干家务，要让他干吗？

对照判断

看一看，您家孩子有下列现象和行为吗？

表现	判断
❶ 家人扫地、拖地、抹桌子时，宝宝就在一旁插手，但总“好心干坏事”。	☐
❷ 大人干家务时盯着看，还好奇地问：“这是在做什么？”	☐
❸ 模仿家人的样子假装做家务，如拿着积木当吸尘器，嘴里还发出“嗡嗡嗡”的声音。	☐
❹ 常常抢着洗菜、洗衣服，导致衣袖、衣服都湿透了。	☐

想一想，宝宝模仿或抢着干家务时，您是怎么做的？

表现	判断
❶ 拒绝宝宝的参与，对他说：“到一边玩去，等长大了再来帮忙。”	☐

续表

表现	判断
❷ 趁宝宝睡着时赶紧做完，不给他参与和捣乱的机会。	□
❸ 跟宝宝说："你可以参与，但一定要像妈妈这样做好，否则下次就别做了。"	□
❹ 一开始还耐心教，后来发现宝宝总帮倒忙，就不让做了。	□
❺ 跟宝宝划定区域，给他提供做家务的机会。	□

如果您有除第 5 项之外的选择，说明您需要认真阅读下面关于宝宝做家务的内容。

关键知识

2 岁左右，宝宝的自主能力和独立意识逐渐发展，进入"自立期"，他觉得自己已经足够强大，喜欢做大人正在做的事。当看到家长做家务时，他会抢着去做，就是他自我意识发展，向大人展示自己能力的表现。但宝宝毕竟年龄还小，做家务的能力很差，经常给家长帮倒忙。家长如果因此不让宝宝做家务，就会丧失宝宝的发展机会。相反，家长要抓住宝宝有积极性这一契机，给他提供一起做家务的机会，如给出特定的家务活动，教会他做家务的简单技巧，帮助他建立劳动意识等，为培养生活自理能力和爱劳动的好习惯奠定基础。

建议方法

做家务看起来枯燥，却是综合性要求很高的动作，宝宝能在做家务过程中获得多方面发展。所以，要鼓励宝宝做家务，可参考如下方法。

尊重宝宝行为，保护宝宝的劳动积极性

宝宝作为家庭的一员，能跟大人一样做家务，是一种典型的行为模仿，不仅能为自己带来归属感，更能让他为自己长大而感到自豪，培养他的自信心。而且做家务需要手脑并用，能够促进动作能力提升，是培养生活自理能力的良好契机。因此，家长不要因为怕宝宝弄脏自己、干活儿效果差，甚至影响自己干活儿就拒绝他。首先要鼓励和赞扬宝宝，尊重宝宝抢着做家务的行为，如说“宝宝主动帮妈妈洗菜，妈妈真开心，谢谢宝贝”，然后单独给他准备一个小盆，让他自己洗菜，不要去管菜洗得干不干净、弄没弄湿宝宝的衣服，保护他参与劳动的积极性，帮助他建立自信心和成就感。

选择合适任务，让宝宝感受参与的快乐

当宝宝表现出参与劳动的兴趣时，与其制止和拒绝，不如选择合适的任务让他自己做，要避免宝宝自己去做一些危险的家务。如孩子拿过菜刀要切菜的时候，要对他说：“菜刀锋利很危险，宝宝的小手拿不动，宝宝帮着洗胡萝卜可以吗？”然后给他准备专门的用具来洗胡萝卜。日常生活中，也可以选择合适的任务，让宝宝帮着做力所能及的事情，如把废纸丢入垃圾桶，帮妈妈递抹布，一起摆放餐盘等。初始的家务内容要简单，并且没有危险，让宝宝愿意做并能做好，感受到参与家务劳动的快乐。

予以正确示范，提高宝宝劳动的能力

宝宝抢着做一些较为复杂的家务（如择菜）时，在做之前可以先给他做一个示范，清晰地告诉宝宝去掉坏叶子。如果宝宝有疑问，耐心地回答他提出的问题，直到他能独立完成。对要做的家务尽量具体化，用具体要求代替泛化指令，如告诉他“把这些菠菜的坏叶子择掉”，尽量不说“把这堆菠菜择干净”，因为宝宝很难理解“干净”的概念。而且，每次家务劳动的量要适可而止，以免宝宝产生厌烦情绪。如果因任务过多，宝宝努力了没完成，

也不要批评指责。宝宝积极的参与过程比结果更重要，只要保持参与的热情，就能养成劳动意识，提高劳动能力。

准备适宜工具，让宝宝体会劳动的成就感

为方便宝宝劳动，家长可以买一些轻巧的小工具给宝宝用，如小扫把、小铲子、小盆等，让宝宝用起来更加顺手，减少帮倒忙的概率，体验劳动的快乐。家长对抢着做家务的宝宝要多些耐心，不因做不好就批评、责骂或拒绝他，而是创造机会，教授技巧，多让宝宝体验成功的成就感。参与多了，宝宝不知不觉就能积累起经验，养成敢于尝试、不怕挫折的好习惯，还能培养自理能力，养成爱劳动的好习惯。

重点回顾

宝宝喜欢抢着干家务是自主能力和独立意识发展的表现，对培养劳动意识、建立自信心和成就感等都有积极意义。家长要尊重宝宝的劳动行为，选择简单、合适的任务让 2 岁多的宝宝参与。对一些比较复杂的劳动，予以正确的示范和讲解，购买适宜的劳动工具，提高宝宝的劳动能力，减少帮倒忙的概率，增强宝宝的成就感。不要因宝宝做不好而批评、责骂或拒绝他，要多一些耐心和引导，为宝宝养成爱劳动的好习惯奠定基础。

促进孩子学习与交往

2岁多的宝宝大多已能用丰富的词汇表达自己，是最讨人喜欢、最好照顾的，也是活泼好动的。他开始了自己独特的写写画画，有部分家长已经开始考虑送宝宝蜡笔了。那么，如何进一步培养宝宝的语言能力，教他简单的写写画画，促进他的社会交往，培养他的安全意识？要不要及早送他去上小托班呢？请继续阅读接下来的内容吧。

如何培养宝宝的语言表达能力？

典型情景

晓晓，2岁，说话不多，吐字不清晰，会把“奶奶”说成“讷讷”，把“花衣服好看”说成“哈衣服好看”。同龄孩子都能用句子表达需求了，晓晓还发音不清晰，句子不连贯，表达也不完整。爸爸带他去看医生，医生说晓晓的语言器官没问题，可能大人与他交流不够，要抓紧时间培养他的语言表达能力，可如何培养呢？

对照判断

想一想，在促进宝宝语言发展方面，您是如何做的呢？

表现	判断
❶ 没有过多关注，宝宝个别发音不准也没干涉，认为可能长大就好了。	□
❷ 发现宝宝发音不准很着急，天天一下班就帮他纠正。	□
❸ 要求奶奶每天给宝宝听半小时以上儿童广播剧，以促进语言发展。	□
❹ 给宝宝报了亲子班，让专业老师教他发音。	□
❺ 要求家里人都讲普通话，给宝宝创造良好语言环境。	□
❻ 父母每天抽出时间陪宝宝说话、阅读，给宝宝输入充分的语言“材料”。	□

如果您选择了前4项内容，说明您还需要认真学习如何促进宝宝的语言发展。

关键知识

0～6 岁是宝宝语言发展敏感期。其中，1 岁半左右是词语爆发期，2 岁是句子爆发期，3 岁前是学说话的关键期。2 岁的宝宝，可能发音和吐字还不清楚，但表达欲望强烈，已进入语言复合句阶段，慢慢学会了用语言表达不在眼前的事情，也能用语言来描述人和物的关系以及评价人和事。

2～3 岁是培养口语表达能力的黄金期和敏感期，家长要注意观察宝宝的语言表达情况，如果宝宝表达丰富，说话流畅，说明他的表达能力很好，请坚持下去。如果宝宝出现语言不清、说话慢或不愿意多说话的情况，家长要予以充分关注，首先看宝宝周围的语言环境是否充分，是否有足够的爱和照顾等，要抓住生活中的点滴机会，保护和鼓励宝宝的语言热情。要多和宝宝说话，多带宝宝阅读，有意识扩充他的词汇量，然后引导他说，鼓励表达，宝宝的语言能力自然会提高。

但是，宝宝的语言能力有快有慢，民间有“贵人语迟”的说法，有的宝宝 3 岁还不能很好说话，家长不要拿自己的宝宝跟别的孩子比，每个孩子的发展都有自己的时间表。

建议方法

创造模仿条件，让宝宝学习复述语言

2 岁多的宝宝处在语言敏感期，很喜欢模仿别人说话，如果宝宝有表达不清等现象，家长要观察一下宝宝所处的语言环境。全家人对宝宝说话时，尽量发音准确，用语恰当，声调自然，让宝宝无意识地去模仿。宝宝会在潜移默化中，学习父母清晰的说话方式。其次，结合生活中的场景，引导宝宝模仿生活中的语句，如“我们去吃午饭”，让宝宝跟着复述。注意不要总是家长说一句，宝宝跟着重复一句，以免产生抵触情绪。可以使用一些小技巧，如重复几遍后让宝宝模仿，宝宝准确地模仿出来了，就给他一个亲吻或拥抱。

还可以玩复述语言的游戏。如，妈妈说“今天中午吃米饭”，让宝宝把话传给爸爸，然后爸爸再说一句话，由宝宝传给妈妈。重复和复述的语言都要来自宝宝的生活，让宝宝容易理解，句子由简到难，由浅入深，变换语调，不断重复，不一定要求宝宝复述完整，只要他乐意参与即可，主要是激发宝宝说话的兴趣。

结合日常生活，丰富宝宝的词汇量

宝宝的语言表达能力与掌握的词汇量有很大关系，家长要想方设法丰富宝宝的词汇。

❶ 要尽可能把宝宝接触到的物品名称告诉他，然后从颜色、形状到属性，逐步拓展。如，妈妈拿来一个苹果，宝宝会说“苹果”，妈妈说“红红的苹果”，指着红红的颜色给他看；然后再说“红红的、圆圆的苹果”，让宝宝摸摸圆圆的苹果；让宝宝吃一口，再跟他说“甜甜的苹果”。

❷ 学习看图识物。2 岁多的宝宝对色彩、线条、形状、形式等已经比较敏感，喜欢重复字句，喜欢模仿听到的新鲜词汇，家长可从易到难，购买水果、蔬菜、动物、用具等日常生活物品的图片，对宝宝进行看图识物训练，要注意图片内容简单、明确，色泽鲜艳，能引起宝宝的有意识注意。等到宝宝对大部分物品有认知能力后，再选择复杂的识物图片让他学习。宝宝词汇量积累到一定程度，语言能力自然就会增强。

诵古诗讲故事，帮助宝宝积累语言素材

在宝宝精神状态好时，可以教他背儿歌和古诗。选择与生活习惯、自然天气有关的儿歌或婴幼儿书籍，家长先学会，然后背给宝宝听，如果儿歌中的内容与实际生活相联系，那就更好了。如刷牙歌“一二三四左刷刷，五六七八右刷刷，小朋友啊爱刷牙，牙齿白白哒”，在宝宝学刷牙阶段教他背诵，还能帮他养成爱刷牙的好习惯。妈妈还要坚持给宝宝讲故事，如看图故事、睡前故事、绘本故事等，因为家中的环境有限，能说的语句有限，而

故事情景丰富多样，可以帮助宝宝拓展思维、增加语境，让宝宝学到大量的词语和句子。讲故事时要注意绘声绘色，声情并茂，边讲故事边根据内容进行提问，让宝宝参与互动，或复述故事内容，都是很好的语言训练方法。

创设宽松环境，引导宝宝进行语言表达

宝宝语言表达出现断断续续、说话不连贯、口齿不清楚、发声含糊等情况时，家长千万不要打断、纠正或代替他去说话，要尊重和接纳孩子的发展水平，认真地倾听并给予积极的回应。因为语言发展的规律是先吸收后模仿再爆发，如果宝宝说话总被否定，会打击他的表达愿望。

家长要利用生活中的各种契机，鼓励宝宝主动表达生活中的各种需求，如喝水、吃饼干，要让他用语言表达出来。看到一个场景，如小狗睡觉，鼓励宝宝用他的语言说出来，如果宝宝说得不清楚，可以在他说完后，先肯定他，再描述一遍，宝宝说错了也没关系，主要是让他多说。同时，多让宝宝和其他小朋友玩耍，游戏中有许多语言交流，小朋友间的语言简单、直接，对促进宝宝语言发展能起到积极作用。

重点回顾

2 岁是宝宝学习语言和句子的爆发期，也是说话的关键期，如果宝宝有吐字不清晰等现象，是强化培养的黄金时期。家长要创造模仿条件，让宝宝学习语言复述，在日常生活中增加词语积累，经常教诵儿歌和讲故事，坚持每日阅读绘本等，在宝宝吸收、模仿语言的同时，从日常生活开始鼓励他主动表达，在他说话不连贯、不清晰时，不打断或纠正，耐心倾听，利用各种生活契机鼓励他表达，让宝宝在多听、多学、多说中，逐步提升语言能力。

如何教 2 岁宝宝进行简单的写写画画？

典型情景

小艺，2 岁半，最近痴迷于涂鸦。回到家拿着画笔，经常到处涂啊、画啊，墙面、桌面、柜面上都留下了他的“杰作”，有时是几道长短不一的线条，有时是相互套叠的圈圈，有时是一团团涂满的颜色，看起来乱七八糟，幼稚可笑，小艺有时还向妈妈讲他的“作品”。妈妈好气又好笑，新装修的房子被画得乱七八糟，要教小艺简单的写写画画吗？

对照判断

看一看，您的孩子有下面的现象或行为吗？

表现	判断
❶ 在墙上、地上无意识涂画，画出各种长短不一的横线、斜线等。	□
❷ 在纸上随着自己的姿势画单一的方向性线条，看起来比较混乱。	□
❸ 在纸上、墙上画各种奇怪的圆圈，一圈一圈地进行涂鸦。	□
❹ 到处画各种不规则的线条，看起来就是一个黑团团。	□

面对孩子的涂鸦行为，您是怎么处理的？

表现	判断
❶ 不让宝宝把家里涂得乱七八糟，制止他的涂鸦行为。	□

续表

表现	判断
❷ 准备画板、纸张让宝宝“作画”，但把涂鸦品当废纸扔掉。	☐
❸ 用“画得不像”“乱七八糟”来评价宝宝的画作。	☐
❹ 给孩子标准的点、线、圆，让他描着画、照着画。	☐
❺ 使劲夸宝宝画得好，无论画在哪里都不制止。	☐
❻ 与宝宝一起讨论他的“画作”，希望借此了解宝宝的想法。	☐

如果您选择了前 5 项，说明您对如何看待宝宝的写写画画并不了解。

关键知识

1 ～ 3 岁宝宝处在涂鸦期。2 岁时从基本会画来回往复的线条，逐步到会画一个个不封口的圆圈；2 岁半，随着手腕控制能力增强，手部精细动作能力提高，开始精确控制笔的走向，能画出封闭的圆，这是一个里程碑式的进步；3 岁左右，基本可按自己的意愿，画出一些简单的图形，并与头脑中的符号建立联系，赋予特定含义。

所以，2 ～ 3 岁宝宝的写写画画，处于随意涂鸦到控制涂鸦阶段，是原创能力发展的基础，主要锻炼小肌肉的控制能力，涂鸦内容没有固定的含义。

家长发现宝宝喜欢涂鸦，要把握写写画画的发展情况，有意识地加以引导，从无意识地画线条、圆圈，到让宝宝有意识地画认知范围内的东西，促进宝宝自由表达能力的提高，不错过原创能力发展的关键期。

建议方法

尊重孩子自发创作，给孩子充分的尝试机会

2岁多宝宝手、腕、眼已基本能够配合，能预测、判断所画线条的走向，也有自己独特的表达认识和情感的方式，家长最好减少示范和干预，给他充分尝试的机会。当孩子怀着热情画画时，他想画什么就让他画什么吧！对于看似凌乱随意的涂涂画画，家长不要用成人的标准去审视和评价，更要避免为追求作品完美，画什么“像”什么，让孩子进行机械的模仿训练。对于宝宝来说，引导他想象，比画得“像”更重要。可以和宝宝聊一聊他的线团、圆圈，鼓励他表达创作意图，即便他一会儿说圆圈是妈妈，一会儿又说是爸爸，也要予以肯定，为他营造安全的心理氛围，鼓励他大胆写写画画。

提供丰富多样的材料，激发宝宝涂鸦的兴趣

家庭的物质环境对支持宝宝涂画也十分重要。2岁多的宝宝仍处于直觉行动思维阶段，小肌肉和自我活动控制不完善，手的支配和操作能力不够。家长观察到宝宝写写画画的热情，要提供多种多样、便于取放的材料和工具。用纸可以选择较硬的卡纸、色彩丰富的手工纸以及普通的白纸，笔要符合宝宝的手部发展特征，记号笔、水彩笔、蜡笔和水粉笔是较好的选择，不使用软头笔，支持幼儿进行自主写画。为增加兴趣，还可以提供一些辅助工具，如用青菜结合绿色颜料，拓印出“绿色森林”等。丰富有趣的材料，让宝宝觉得画画是在玩游戏，可以有效激发宝宝涂鸦的兴趣。如果宝宝经常在家里墙壁上涂涂画画，可以开辟一面墙或准备画板、纸张代替。

善于积累素材，引导宝宝有意识作画

教宝宝写写画画，也需要言之有物。家长要常带宝宝走进大自然、走进文化馆、走进儿童展馆等，扩大他的生活范围，丰富所见所闻，并常带宝

宝看一些书画图册，提高宝宝对美的感受和体验，为写写画画积累经验与素材。如，在公园捡拾树叶、花瓣，引导宝宝观察它们的形状、颜色，然后用画笔展现出来。写写画画过程中，家长可有意引导宝宝把无意识的写写画画变成有意识的涂画，如把宝宝画的团团弧线说成“乌云来啦”，帮他在像三角形的图形下面加一根长竖线变成“雨伞”等，把写写画画变成绘画，增加绘画的乐趣，发展想象力和创造才能。家长不要硬性指挥，不包办代替，只做启发引导，鼓励宝宝大胆想象，自由创造。

展示宝宝的绘画作品，并进行解释说明

家长要重视宝宝的作品，可在家庭中开辟一块展示孩子作品的区域，和孩子共同布置他的“展览区域”。在展览前，精心装饰他的作品，引导宝宝说出他画的是什么，如弯弯曲曲的线条是大海的波浪等，赋予作品相应的生活含义，然后在画作合适的地方帮助宝宝标注解释说明，签上名字，写上日期，不仅能成为宝宝成长过程中的特别记录，帮助宝宝发展想象力，培养创作精神，也能让宝宝体会坚持后进步的喜悦。

重点回顾

2 岁多宝宝的写写画画，处于随意涂鸦到控制涂鸦的阶段，家长观察到宝宝有写写画画的兴趣时，应提供丰富多样的材料，他想画什么就让他画什么，避免用成人的标准去审视和评价，避免追求作品画得“像”而去训练。家长可在宝宝写写画画过程中，引导宝宝把无意识的写写画画变成有意识的涂鸦，把作品想象为某个场景或物体，鼓励宝宝大胆想象，增加画画乐趣。对宝宝的作品，可在家中开辟专门的展览区域，帮宝宝标注解释内容并在装饰后展览出来，记录宝宝成长的过程，让宝宝体会进步的喜悦。

宝宝不和其他小朋友玩正常吗？

典型情景

晓镁，2 岁了，总是自己玩自己的，基本不和其他小朋友玩。平时在家里话很多，出门见到人多时就往妈妈怀里挤，让他打招呼他也不说话。带他到公园里，玩沙玩水也是自己玩自己的，如果有小朋友想拿他的小桶一起玩，他就赶紧拿着小桶跑到妈妈身边。妈妈很担心，晓镁是不是性格有问题？他不和其他小朋友玩正常吗？

对照判断

看一看，您家孩子有下列现象和行为吗？

表现	判断
❶ 在公园玩滑梯，看到有别的孩子在，就不愿意玩了。	☐
❷ 带他出去玩时总黏着爸爸妈妈，不去跟别的小朋友玩。	☐
❸ 在家里话很多，出去时害羞、害怕，别的小朋友邀请也不去玩。	☐

想一想，对于宝宝不和其他小朋友玩，您是怎么想和怎么做的？

表现	判断
❶ 看到宝宝和其他小朋友玩时各玩各的，彼此之间没有交流，以后就不带他出去玩了。	☐
❷ 担心宝宝不合群、自闭，心理发育不健康，去咨询和看医生。	☐

续表

表现	判断
❸ 反复诱导宝宝跟其他小朋友一起玩，每次都不欢而散。	☐
❹ 总跟别人讲“宝宝不跟人家玩”“宝宝不太合群”，经常给宝宝贴标签并将焦虑情绪传递给孩子。	☐
❺ 常邀请别的小朋友到家里玩，给孩子创造一起玩的机会。	☐
❻ 给宝宝读如何交朋友的绘本，讲交朋友的故事，希望宝宝增加对交朋友的认知。	☐
❼ 认为宝宝小，不和其他小朋友玩很正常，不加干涉。	☐

如果您选择了第 5 和第 6 项，说明您对宝宝交朋友比较重视，选择了其他选项的家长要加油哦。

关键知识

6 岁前宝宝的社交，通常表现为游戏中的合作与交往。心理学家帕登据此把儿童游戏分为四个阶段，以反映宝宝的社会参与程度：独自游戏阶段（0 ～ 2 岁）、平行游戏阶段（2 ～ 3 岁）、联合游戏阶段（3 ～ 4 岁半）和合作游戏阶段（4 岁半以上）。

2 岁多的宝宝刚刚开启自己的社交，正从独自游戏阶段过渡到平行游戏阶段，宝宝喜欢和其他小朋友一起玩，能意识到别人的存在，相互之间有眼神接触，也会看别人怎么操作，甚至模仿别人，但彼此都无意影响或参与到对方的游戏之中，通常各玩各的，互不干涉，既没有合作行为，也没有共同目的，即便一个人离开，另一个人还会继续玩下去。而且，这个年龄段的宝宝喜欢以独处方式来玩角色扮演，常常自说自话，自娱自乐，一个人分饰多个角色。

从宝宝的社会交往发展特征看，宝宝不和其他小朋友一起玩，不代表他孤僻和内向，这和性格基本没有关系。家长如果希望宝宝有更广泛的社交，可以多创造朋友共玩的机会，帮宝宝建立同龄朋友圈，教他学会和小朋友相处，随着经验丰富，他会更快地过渡到联合游戏阶段。

建议方法

理解平行游戏，甘做观察者

处在平行游戏阶段的宝宝，很乐意和别人一起玩，游戏内容也几近相同，但彼此之间呈现出一种不互相干涉、干扰的状态。这时的宝宝，正在充分调动已有的经验，发挥想象力和创造力，重复自己曾经的经历，给自己构造一个完整的“世界观”，塑造相应角色，并赋予角色台词。

在这个过程中，宝宝很注重独立，也希望别人承认自己的独立性，不愿意和其他小朋友玩，而是通过游戏去想象或创编一个故事，通过自己的扮演把故事表达出来。如他拿了棍子当马骑，可能骑到了外婆家，外婆给他做了香喷喷的米饭等。这是宝宝满足自己的各种欲望，培养专注力、想象力、创造力的需要。

家长要转变角色，从游戏的参与者、引导者逐步转变为观察者，看看宝宝对哪些游戏更感兴趣，反复玩了很多遍。再根据宝宝喜欢的事情，有针对性地拓展游戏内容。

不强迫宝宝与人交往，但要创造各种交流机会

平行游戏阶段是宝宝进入社会的一个准备阶段，家长不要强迫宝宝参与到其他小朋友的共同游戏中，也不要带着宝宝以交朋友为目的出去玩，这样会打扰他的正常生长轨迹，影响专注力发展以及正在建立的内在秩序。但

是，宝宝已经开启了最原始的“社交”，虽然在一起时各玩各的，但宝宝们并不是完全忽视彼此，他们之间会互相观察、模仿，有时还互相凝视，默默交换一个微笑，或者碰一下对方，试探对方的反应。

所以，也不要完全任由宝宝独自游戏，家长要多为宝宝创造一些交流机会。

❶ 从接触熟悉的人开始，比如和邻居家同龄宝宝一同玩耍，宝宝有了一个玩伴后，再邀请第二个、第三个小朋友。

❷ 与同龄宝宝家长见面时，不替宝宝说话或回答，让宝宝自己回复别人的问候，鼓励他主动和另一个家庭的宝宝打招呼。

❸ 寻找合适机会，让宝宝以伙伴的身份加入游戏，并邀请其他小朋友一同参与，引导宝宝感受游戏互动中的快乐，增强与他人游戏的意愿。

分析宝宝不交朋友的原因，扩大宝宝朋友圈

如果宝宝性格相对内向，与人交往时表现出害怕、胆怯，或者宝宝因害怕被抢东西、被打等冲突而不愿意交往，家长要主动引导和调整，多予以宝宝爱和陪伴，带宝宝多接触周围同龄或年龄相仿的孩子，给宝宝创造丰富的社交环境。如，宝宝刚认识一位新朋友时，要告诉他新朋友的名字，让他们互相熟悉，然后经常带到一起玩耍，慢慢发展几个固定的玩伴，形成相对稳定的社交圈子。在这个圈子里，鼓励宝宝学习处理同伴关系，家长在一旁多引导，帮助宝宝形成融洽、和谐的关系，建立社交安全感。

给宝宝自由空间，让宝宝尝试自主处理矛盾与冲突

宝宝之间正常玩耍时，家长可以离开稍微远一点，给予充分的自由空间，让他们按照自己的方式玩耍。宝宝间会有自己独特的交往方式，可能会安静地一起游戏，也可能会用简单的语言进行沟通，还可能会扔东西、抓人、争吵、抢玩具等，如果没有伤害行为，家长不要轻易干涉。如果家长在

场或总是干预，宝宝会觉得没趣，自然就不想和其他小朋友玩耍了。如果宝宝之间发生争执，家长要密切观察，不要急着去帮忙解决，让他们先自己学着处理，切忌将“孩子间的冲突”升级为“家长们的争吵”。但如果发现冲突涉及身体伤害，家长要赶紧制止，必要时带宝宝离开。

重点回顾

2 岁多的宝宝从独自游戏阶段过渡到平行游戏阶段，刚刚开启自己的“社交”，喜欢和其他小朋友一起玩，但是在游戏中各玩各的，有可能表现为不和其他小朋友一起玩。家长要理解平行游戏的价值，应当尊重孩子想要独自游戏的意愿，学会充当观察者，不强迫宝宝交往，但要创造宝宝与他人游戏和交流的机会，扩大宝宝的同龄朋友圈。在宝宝们正常玩耍时，家长要给予自由空间，让宝宝们自主交流，学会自己处理矛盾与冲突，学习交往技巧。但若发生身体伤害，要立即制止。

如何培养宝宝的安全意识？

典型情景

乐乐，2岁，爱跑爱跳爱动手，对探索世界有强烈的好奇心，总是看看这儿、摸摸那儿。经常踩着凳子去够柜子里的玻璃杯，学着大人拿剪刀剪东西，别人给个小玩具就能被骗走……带他去逛街，妈妈只能用防走失绳牵着。眼看乐乐越来越大，如何培养他的安全意识呢？

对照判断

看一看，您的孩子有下列行为和现象吗？

表现	判断
❶ 对大人使用的工具非常好奇，不顾危险，经常偷偷拿来摆弄。	□
❷ 对厨房的锅碗瓢盆感兴趣，总喜欢偷偷拿来当玩具。	□
❸ 常被街边各种景致或活动吸引，一不小心就钻到人群中去了。	□
❹ 喜欢爬高爬低，自己钻进衣柜、桌下等狭窄、密闭的地方。	□

想一想，针对宝宝的不安全行为，您是怎么做的？

表现	判断
❶ 自己和家人紧紧看牢宝宝，一分钟都不让他离开视线。	□
❷ 每次宝宝做出危险行为，都狠狠批评或惩罚他。	□

续表

表现	判断
❸ 反复告诫宝宝家中或外出的危险行为或危险地方，以防万一。	□
❹ 家里有危险的地方都做了防护，到外面时紧紧看牢宝宝。	□
❺ 用防走失绳牵住，用儿童手表准确定位，以防走失。	□
❻ 给宝宝演示危险并绘声绘色讲解，让他一点点感知和体会什么是危险。	□

如果您勾选了上述前 5 项内容，说明您还需进一步学习如何培养 2 岁宝宝的安全意识。

关键知识

2 岁多的宝宝会说话，能走路，对周围充满好奇，自主性增强，但受认知水平和发展能力限制，缺乏对危险的认识，稍不注意就跑出了家长的视线，是安全问题凸显的年龄段。有数据统计，我国每年有 6 万～7 万儿童死于意外事故，其中致死原因最多的有交通、溺水、烫伤、误咽异物等，而家中、户外磕伤撞破等各种小事故，更是层出不穷。家长无法再像控制小婴儿那样约束 2 岁多宝宝的行为，而宝宝也有了接受生活常识的能力，所以家长要认识到安全教育的重要性，帮助宝宝识别常见的危险物品、危险地方和事件，让宝宝学习基础的安全知识，进行可操作的安全防范体验，逐步让宝宝增强安全意识，变被动防范为部分主动防范，防止发生安全事故。

建议方法

以下方法也许能帮您培养宝宝的安全意识，请耐心阅读。

告知宝宝常见的防范措施，帮助宝宝初步建立安全认知

一般来讲，宝宝学走路时，家长已经创设了安全的生活环境，提供了必要的保护措施。如把热水瓶、药品、打火机、刀具等放到宝宝够不到的地方，把桌角、插座等包起来或封起来等。2 岁之后，虽然宝宝的判断能力仍然不够，但他已经发展了初步的认知能力，能认识简单的符号、标志等，家长要给宝宝讲解家中各种安全保护措施，如包桌角是防磕碰，贴插座是防触电，不碰刀具是防受伤，等等，并告诉宝宝阳台的门、窗户护栏的防范作用。在户外公共场所，也要讲讲马路上人行横道、红绿灯的防范作用，商场护栏的防范作用等，见到防护标识就随时随地讲给宝宝听，既满足宝宝的好奇心，又能帮助他建立初步的安全认知。

加强日常安全教育，让宝宝形成自我保护意识

❶ 善于捕捉日常生活契机，加强各种安全教育。如逛街时，告诉宝宝不跟陌生人走，不吃陌生人给的东西；过马路时，告诉宝宝移动的汽车危险，要紧跟大人，不离成人视线；在水塘边时，告诉宝宝掉进水里很危险，不能在水边玩等。

❷ 教宝宝认识简单的安全标识，让宝宝远离各种不安全因素。有意识地带宝宝到有安全标识的地方，教宝宝认识安全出口、小心触电、禁止下水、防止跌倒等简单的安全标识，形成自我防范意识，自觉远离不安全因素。

❸ 正确示范家庭日常用品（如勺子、杯子、剪刀等）的使用姿势，让宝宝感知热水烫、玻璃碴锋利、剪刀会伤手等。

❹ 教会宝宝说出自己的名字、住址、联系电话等，防止走失时无法联络，并教导宝宝保护自己的隐私部位，避免受到他人的侵害。

利用绘本故事进行安全教育，反复强化防范重点

关于安全知识教育的绘本很多，家长可以利用宝宝爱听故事的特征，准

备相关安全主题的绘本和动画，利用图书、音像等材料进行安全教育。如《小兔子走丢了》、“贝贝熊系列”之《安全第一》《我不跟你走》《不要随便摸我》《我的安全养成书》等，绘本中生动有趣的故事、活泼的画面，以及似曾相识的场景，能帮着家长一起传递各种不容忽视的安全常识，让宝宝巩固强化日常建立的安全教育重点。

可控范围内，尝试让宝宝亲身体验危险后果

在安全可控的范围内，让宝宝亲身体验危险后果，是适合年龄特点、强化教育效果的最好方法。如，若宝宝不怕烫，让他摸一摸热水杯壁；宝宝坚持用剪刀，用尖部轻轻刺一下他的小手；宝宝一定要用锤子，用锤子重重敲一下地面等。让他感受热烫、刺伤等疼痛感及锤子打击地板的声音，留下难忘的印象。还要经常在家里和他玩逃生自救的游戏，模拟烧伤、失踪等场景，让他记住火灾打什么电话、失踪找谁、该怎么呼救等。如果某次外出宝宝自己走开了，在安全的视线范围内让他尽情地走，等他找大人时，迟段时间再出现，让他感受失踪的滋味。让宝宝身临其境，亲身体验危险后果，他便会知险而退，主动提高防止危险的警惕性。

重点回顾

2 岁多的宝宝处于好奇心旺盛的阶段，也是安全问题凸显的阶段，但宝宝的认知能力有限，家长要变被动防范为部分主动防范，告知宝宝日常环境中的各项防范措施的价值，在生活中进行各种形式的安全教育。可以带着宝宝阅读安全知识教育绘本，并在可控范围内让宝宝尝试，亲身体验危险后果，让宝宝形成安全意识，自觉主动防范，提高警惕性，减少安全事故的发生。

有必要送宝宝去上小托班吗？

典型情景

霖霖，28 个月，语言表达不是很清晰，作息不规律，不会自己用勺子吃饭，还在使用尿不湿。爸爸妈妈怕霖霖上幼儿园不适应，9 月份把他送到了小托班。可才去了不到一个月，霖霖发烧感冒 1 次，拉肚子 1 次，脾气也变得有些暴躁，有时还咬手指甲，老跟妈妈说不要上学。妈妈很心疼，也很纠结，有必要继续送他去上小托班吗？

对照判断

看一看，在这个年龄段，您的宝宝有下列现象吗？

表现	判断
❶ 跟着爸爸妈妈睡得晚，早上起不来。	□
❷ 不会自己用勺子，需要家长喂饭，有时还要追着喂。	□
❸ 语言表达不清晰，渴了不知道要水喝，家长喂了才喝。	□
❹ 白天尿尿或拉㞎㞎不知道告诉大人，还需要用尿不湿。	□

如果有上述情况，说明您家宝宝还需要培养自理能力。

想一想，面对宝宝的自理现状，您想过送他去小托班吗？

表现	判断
❶ 想让他去托班，有利于提高他的自理能力，扩大交往面。	☐
❷ 不敢让他去托班，怕老师照顾不好。	☐
❸ 觉得自家宝宝自理能力弱，不敢送去，怕不适应托班生活。	☐
❹ 送宝宝去了托班后，一段时间后发现他不适应就不去了。	☐
❺ 邻居都送宝宝去托班了，自己咬咬牙也送了，但宝宝经常生病。	☐
❻ 觉得老师是专业的，在小托班能比家里培养得好，义无反顾送去。	☐

如果您勾选了上述选项，说明您对送宝宝去小托班了解还不够，请继续看下面的内容。

关键知识

是否送 2 ～ 3 岁宝宝上小托班，是家长比较关心的话题。家长既担心宝宝不适应，又希望宝宝提前融入集体生活，希望老师帮着提升自理能力。实际上，2 ～ 3 岁是大脑发育的关键阶段，宝宝自我意识萌芽，自主能力提高，乐于探索，正在脱离母体迈向独立。小托班是为 2 ～ 3 岁宝宝“量身定制”的，有相对规律的作息时间，有适应宝宝发展特点的学习内容和活泼有趣的小伙伴，可以帮宝宝学习自理能力，发展社会交往和认知水平，教会他在集体中生活与学习，对宝宝 3 岁后上幼儿园有很大帮助。

所以，对大多数家庭来说，只要宝宝发育正常，能用语言表达自己的基本需求，家庭条件能支撑，可以让宝宝上小托班。如果宝宝有发育慢、身体弱等情况，也可以选择在家中抚养，但要注意培养自理能力。

建议方法

关于上小托班的话题，希望以下建议能给您提供帮助。

有意培养自理能力，做好上托班准备

1岁半左右，就可以有意识地培养宝宝的自理能力了。家长可以把基本的生活技能直观地演示给宝宝看，把动作、顺序、方法解释清楚，边讲边示范，让宝宝跟着模仿，如用勺子、喝水、穿鞋、说出自己的要求等。但因为宝宝的大小肌肉没有完全发育，灵活性、准确性都不够，家长要对这个过程有足够的耐心，要学会放手但不急于求成，让宝宝在反复练习中学习，逐渐做得更好。入托前主要培养的自理能力有：用勺子独立吃饭、喝汤；自己喝水；独立上厕所、冲厕所；能辨认自己的衣服；自己洗手、洗脸；学会表达自己的需求；能与小朋友友好相处等。

强化安全依恋关系，帮助宝宝做好入托的情绪适应

安全依恋表现为宝宝对父母有足够信任和安全感，他的情绪更为稳定，对父母的依赖更适度，父母在时积极互动，父母离开时会有短暂焦虑，但能较快地适应新环境。在入托前，父母要提前半年做准备，从强化宝宝的安全依恋做起，充分和及时满足他的各种合理需求，减少或减缓他入托的情绪适应期，主要是给予相对稳定的陪伴和看护，多做身体和情感接触，建立良好情感联结，培养宝宝生活的规律性，锻炼宝宝的独立性等。

如果是祖辈带的宝宝，也要通过祖辈建立安全依恋，培养自主吃饭、规律作息等生活习惯。送宝宝入托时，让宝宝明白离开是暂时的，用拥抱、亲吻、甜甜的话去抚慰宝宝，按照承诺在离园时准时来接，让宝宝建立信赖感，从而能及时与老师建立新的依恋关系，度过最初的适应期。

丰富社会交流经验，帮助宝宝尽快融入集体环境

为提高宝宝的群体适应能力，家长要经常带他接触不同的人际环境，如参加亲戚朋友聚会、同伴共同玩耍等，增加宝宝和他人的交流机会，在宝宝愿意的情况下，引导他积极与他人互动、主动表达自己的想法，增加他的社会交往经验。如妈妈可以让宝宝和其他小朋友一起听故事、做律动操、玩游戏等，使宝宝有更多人际交往经验，感受交往和集体活动的乐趣，减少托班集体环境的陌生感，尽快融入集体环境。

父母主动减少焦虑，家园共育，多多沟通

在送宝宝入小托班时，更容易产生焦虑的往往是父母，而且父母会在言行中有意无意地流露出这种焦虑情绪。宝宝是很敏感的，能感受到大人的态度，从而产生害怕入托的心理，拒绝进入托班。所以，父母要学会控制自己的情绪，不让自己的焦虑表现出来，更不要在宝宝面前表现焦虑。

如果选择入托，就要坚定自己的选择，帮宝宝走出社会化的重要一步。送宝宝入托时，拥抱并与宝宝愉快地说“再见”，将宝宝交给老师后尽快离开。如果宝宝有分离的焦虑情绪，也尽量予以接纳，不否定和批评，给宝宝充分的适应时间。入托后，家长要主动做好家园沟通，多留意班级发布的信息，利用微信群、家园联系单等了解班级和宝宝的情况，有问题及时与老师沟通，达成教育共识。

家庭抚养也是一种不错的方式

每个家庭的成员结构、教养方式不同，每个孩子的性格特点、生长发育情况也不一样，如果家中有提供高质量陪伴和教育的成员，或者宝宝确实存在自理能力、交往能力方面的困难而难以适应小托班生活，家庭抚养也是一种很好的方式。如果选择家庭抚养，要根据宝宝的发展特点，创设良好的家庭环境，如家人和谐、天天读书等，坚持培养良好作息习惯、吃

饭习惯、盥洗习惯、卫生习惯、运动习惯等，为宝宝3岁后进入幼儿园做准备。

重点回顾

小托班是为2～3岁宝宝准备的照护与教育相结合的班级形式，也是当前很多家长关心的一种托育方式。从身心发展程度看，2～3岁是大脑发育的关键期，宝宝处在脱离母体走向独立的阶段，小托班的集体环境、规律作息和教育内容，能促进宝宝提升自理能力、交往能力和认知发展。家长让宝宝进入小托班，是促进宝宝“社会化”和智力水平提高的良好形式。

但是，为顺利适应小托班，家长要有意培养孩子的自理能力，帮助宝宝建立安全型依恋关系，丰富宝宝的社会交往经验，让他尽快融入新的环境。然而，如果家中有高质量陪伴的人员，或宝宝在自理、交往等方面有困难，家庭抚养也是不错的方式。